おもしろ謎解《なぞと》き

『縄《じょう》文《もん》』のヒミツ

1万《まん》3000年《ねん》続《つづ》いたオドロキの歴《れき》史《し》

JN193187

こんだあきこ＆スソアキコ 著
武藤康弘 監修（奈良女子大学教授）

小学館

はじめに

今《いま》からおよそ１万《まん》５０００年前《ねんまえ》に始《はじ》まったとされる縄文時代《じょうもんじだい》。
そのころ、日本列島《にっぽんれっとう》に暮《く》らした縄文人《じょうもんじん》とは、
どんな人《ひと》たちだったと思《おも》いますか？

顔《かお》は？　何《なに》を食《た》べていた？　どんな家《いえ》に住《す》んでいた？　服装《ふくそう》は？
そもそも、私《わたし》たちとは違《ちが》う人間《にんげん》だったりするのかな？

残念《ざんねん》ながら縄文時代《じょうもんじだい》には文字《もじ》がありません。
つまり、当時《とうじ》の人々《ひとびと》が書《か》き記《しる》したものが残《のこ》されていないのです。
しかし彼《かれ》らは、文字《もじ》の代《か》わりに多《おお》くの生《い》きた証《あかし》を残《のこ》してくれました。
まるで、謎解《なぞと》きのカードのように。

この本《ほん》では、残《のこ》されたものを手《て》がかりに、科学的《かがくてき》な分析《ぶんせき》や実験《じっけん》、
そして発掘《はっくつ》といった手法《しゅほう》で、縄文時代《じょうもんじだい》と縄文人《じょうもんじん》を調査《ちょうさ》している
研究者《けんきゅうしゃ》にお話《はなし》を伺《うかが》い、謎《なぞ》に迫《せま》ることにしました。

どうしてこの日本列島《にっぽんれっとう》に私《わたし》たちが暮《く》らしているのか。

？

イラストに描《えが》かれた縄文人《じょうもんじん》たちは、どんな工夫《くふう》をしてそれぞれの問題《もんだい》を乗《の》り越《こ》えていったのでしょうか？
答《こた》えは、巻末《かんまつ》Ｐ１５８にあります。

その謎《なぞ》を縄文人《じょうもんじん》たちが握《にぎ》っているとしたら、知《し》りたくなりませんか？
私《わたし》たちは知《し》りたいのです。
遠《とお》い昔《むかし》にどんな人《ひと》たちが暮《く》らし、
それがどうやって今《いま》につながっているのかを。

私《わたし》たちの中《なか》にも縄文人《じょうもんじん》のＤＮＡ《ディーエヌエー》が残《のこ》っていると知《し》ったらどうでしょう。
知《し》ったところで日々《ひび》の暮《く》らしは大《おお》きく変《か》わらないかもしれません。
しかし、困難《こんなん》な自然環境《しぜんかんきょう》を様々《さまざま》な知恵《ちえ》と工夫《くふう》と経験《けいけん》で
乗《の》り越《こ》えてきた彼《かれ》らのＤＮＡ《ディーエヌエー》が残《のこ》っているのだと思《おも》うと、
少《すこ》し、心《こころ》が楽《たの》しくなるのです。

縄文時代《じょうもんじだい》の謎《なぞ》を解《と》くのは、
好奇心旺盛《こうきしんおうせい》な小学生《しょうがくせい》のあっきーと土偶大好《どぐうだいす》き女子《じょし》のこんちゃん。
皆《みな》さんも２人《り》とともに研究者《けんきゅうしゃ》の元《もと》に話《はなし》を聞《き》きに行《い》ったつもりで
読《よ》んでみてください。
皆《みな》さんの中《なか》に眠《ねむ》る縄文人《じょうもんじん》が目《め》を覚《さ》ますかもしれません。

こんだあきこ＆スソアキコ

3
ペっ
シブイー
でもなんとかして食べられるようにできないかな〜

4
手が取れてしまった！
どうしようー
はっ

5
またイノシシにやられた…
もっと安全にしとめる方法はないのか…
クーンクーン

もくじ

さあ、縄文《じょうもん》のヒミツへ！

これが縄文人《じょうもんじん》だよ！

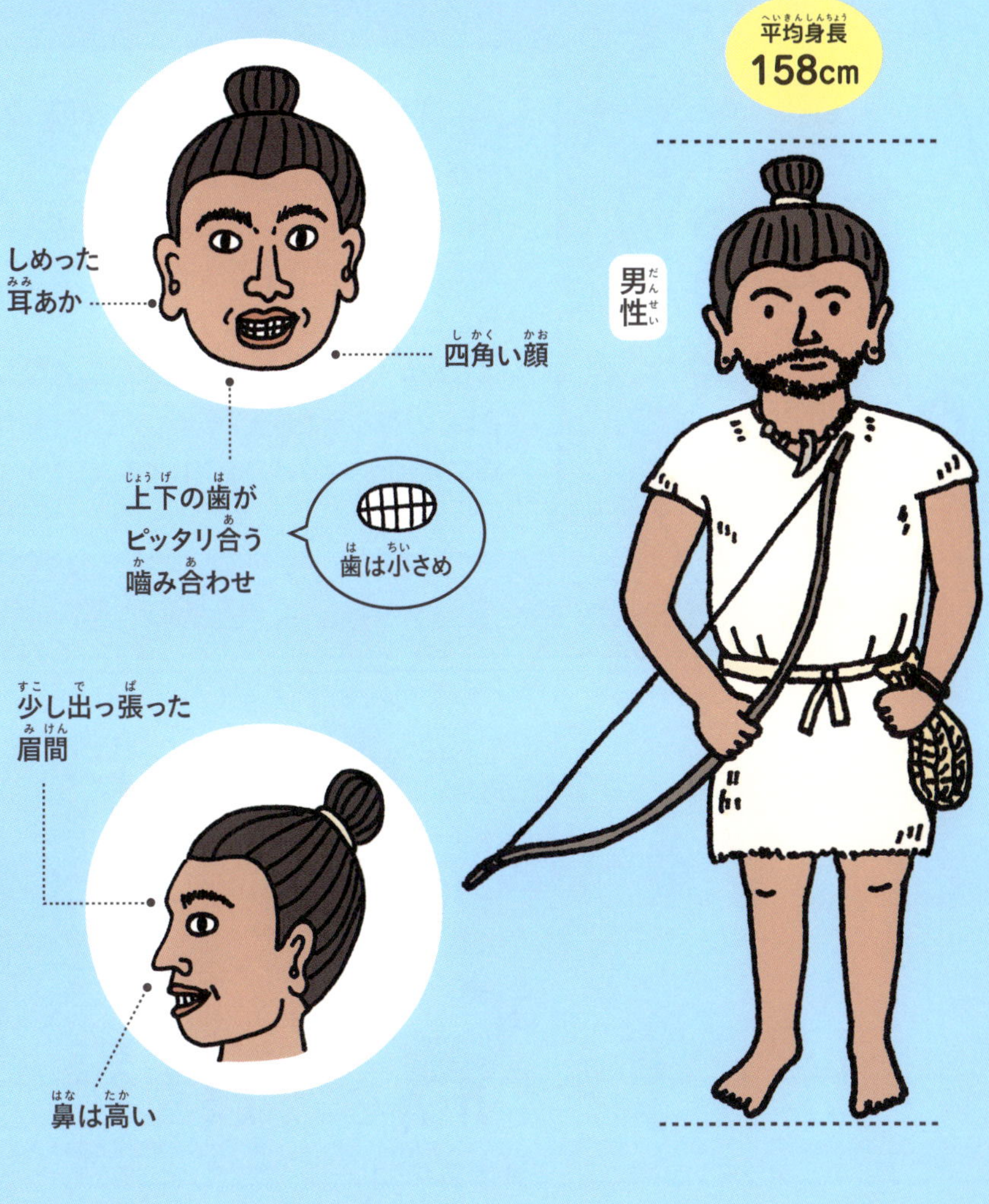

こんちゃんとあっきーの

縄文時代絵巻

じょうもんじだいえまき

この絵巻《えまき》は、縄文時代《じょうもんじだい》を草創期《そうそうき》、早期《そうき》、前期《ぜんき》、中期《ちゅうき》、後期《こうき》、晩期《ばんき》と6つに分《わ》けて、自然環境《しぜんかんきょう》、生活道具《せいかつどうぐ》、土器《どき》や土偶《どぐう》など、時期《じき》によって変化《へんか》する様子《ようす》が一目《ひとめ》でわかるようになっています。

はじめから読《よ》むもよし、途中《とちゅう》から読《よ》むもよし。パラパラとページをめくって、一緒《いっしょ》に縄文時代《じょうもんじだい》へタイムトリップしてみましょう!

旧石器時代《きゅうせっきじだい》

縄文時代《じょうもんじだい》より前《まえ》の時代《じだい》を旧石器時代《きゅうせっきじだい》といいます。大型《おおがた》の動物《どうぶつ》を狩《か》るために、ナイフ形石器《がたせっき》や尖頭器《せんとうき》と呼《よ》ばれる石器《せっき》を使《つか》った槍《やり》を作《つく》っていました。代表的《だいひょうてき》な遺跡《いせき》に群馬県《ぐんまけん》岩宿遺跡《いわじゅくいせき》があります。

石器《せっき》
群馬県《ぐんまけん》みどり市《し》
岩宿遺跡《いわじゅくいせき》

ナウマンゾウ

オオツノジカ

草《そう》創《そう》期《き》

約《やく》1万《まん》5000年《ねん》
▼
1万《まん》2000年前《ねんまえ》

食料《しょくりょう》である動物《どうぶつ》を追《お》いかけて移動《いどう》していた遊動生活《ゆうどうせいかつ》から、竪穴住居《たてあなじゅうきょ》を作《つく》り、定住《ていじゅう》する生活《せいかつ》へと移行《いこう》し始《はじ》めます。煮《に》炊《た》きするための土器《どき》が発明《はつめい》され、食料《しょくりょう》事情《じじょう》がぐんとよくなりました。弓矢《ゆみや》はこの時代《じだい》に考《かんが》えだされたものです。

気温《きおん》

最終氷期《さいしゅうひょうき》を経《へ》て、地球全体《ちきゅうぜんたい》の気温《きおん》が上昇《じょうしょう》します。

参考《さんこう》：『縄文文明《じょうもんぶんめい》の環境《かんきょう》』安田喜憲《やすだよしのり》　吉川弘文館《よしかわこうぶんかん》

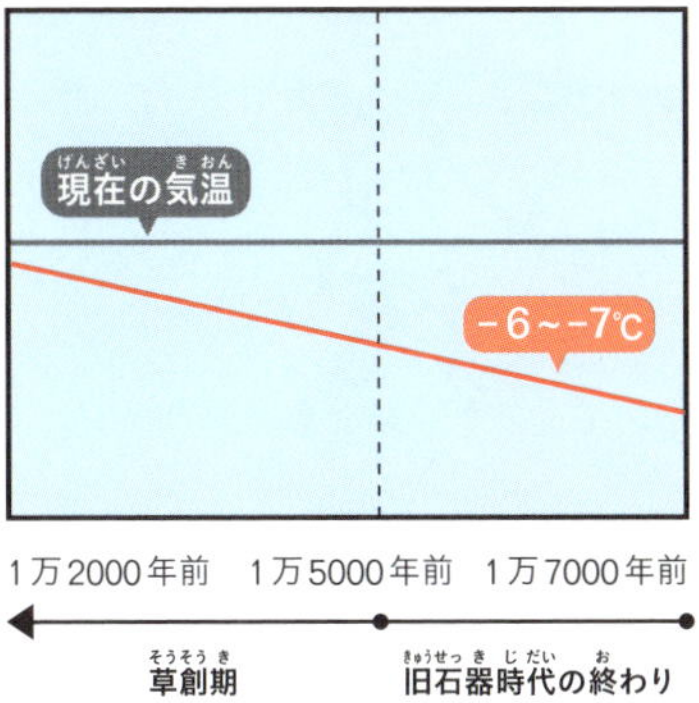

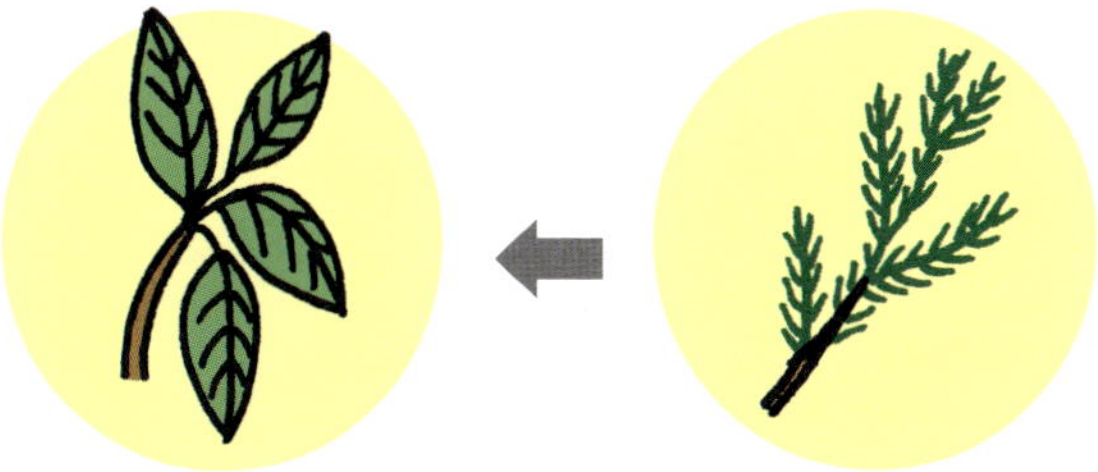

広葉樹《こうようじゅ》の葉《は》（シイ）

針葉樹《しんようじゅ》の葉《は》（スギ）

森《もり》の変化《へんか》と小動物《しょうどうぶつ》の増加《ぞうか》

気温《きおん》が上昇《じょうしょう》した結果《けっか》、西日本《にしにほん》の森《もり》の木《き》が針葉樹《しんようじゅ》から落葉広葉樹《らくようこうようじゅ》へと変化《へんか》。木《こ》の実《み》が豊富《ほうふ》になることで、それをエサにする小動物《しょうどうぶつ》が増加《ぞうか》しました。

ウサギ　イノシシ　シカ

様々《さまざま》な狩《か》りの方法《ほうほう》

旧石器時代《きゅうせっきじだい》から使《つか》われている落《お》とし穴《あな》などのワナ猟《りょう》を中心《ちゅうしん》に、動《うご》きの早《はや》い小動物《しょうどうぶつ》を狩猟《しゅりょう》するため、槍《やり》の他《ほか》に弓矢《ゆみや》が作《つく》られるようになりました。

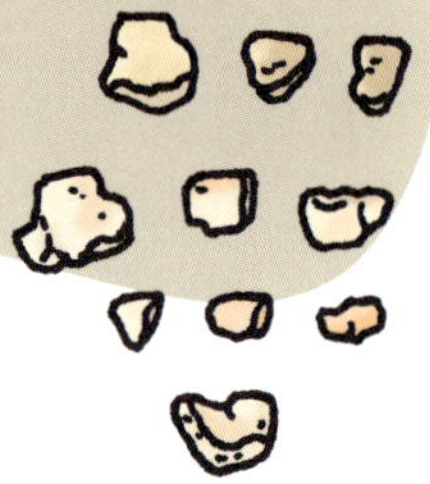

日本最古《にほんさいこ》の土器片《どきへん》
青森県《あおもりけん》　大平山元Ⅰ遺跡《おおだいやまもといちいせき》
今《いま》からおよそ1万《まん》6500年前《ねんまえ》に作《つく》られた模様《もよう》のない土器《どき》です。

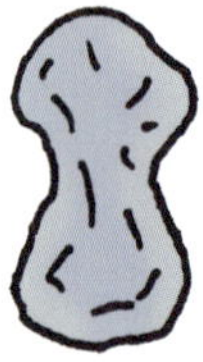

打製石器《だせいせっき》

磨製石器《ませいせっき》

おいしい保存食《ほぞんしょく》

土器《どき》で煮炊《にた》きしたものはもちろん、四季折々《しきおりおり》の食材《しょくざい》を加工《かこう》し、保存《ほぞん》食《しょく》も作《つく》っていました。後《のち》の時期《じき》には、木《こ》の実《み》をすりつぶして粉末状《ふんまつじょう》にしたものに、蜂蜜《はちみつ》や水《みず》などを加《くわ》えて作《つく》った、縄文《じょうもん》クッキーといわれる保存食《ほぞんしょく》も見《み》つかっています。

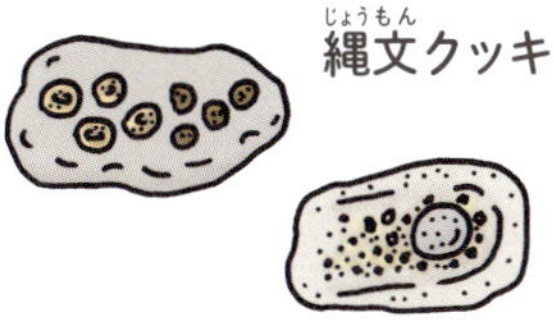

縄文《じょうもん》クッキー

クリやドングリなど

土器《どき》は大切《たいせつ》な調理道具《ちょうりどうぐ》

底《そこ》が平《たい》らや丸《まる》くなった、煮炊《にた》き用《よう》の深鉢形土器《ふかばちがたどき》が、作《つく》られるようになりました。食料《しょくりょう》を柔《やわ》らかく煮《に》ることで、食《た》べられるものが格段《かくだん》に増《ふ》えました。

深鉢《ふかばち》（隆起線文土器《りゅうきせんもんどき》）

粘土《ねんど》の細《ほそ》い紐《ひも》を貼付《はりつ》けたもの。

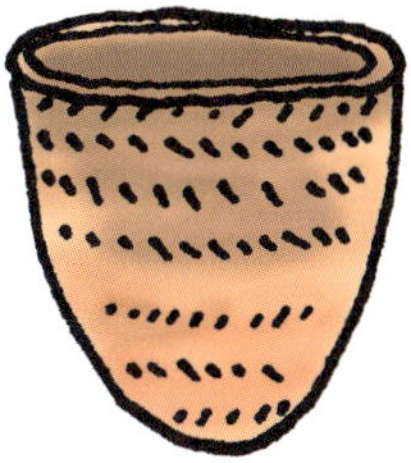

深鉢《ふかばち》（爪形文土器《つめがたもんどき》）

人《ひと》の爪《つめ》や貝殻《かいがら》で模様《もよう》をつけたもの。

日本最古級《にほんさいこきゅう》の土偶《どぐう》

滋賀県東近江市《しがけんひがしおうみし》　相谷熊原遺跡《あいだにくまはらいせき》

1万《まん》3000年《ねん》ほど前《まえ》に、顔《かお》の表現《ひょうげん》はなく、身体《からだ》だけの土偶《どぐう》が西日本《にしにほん》で作《つく》られ始《はじ》めました。

定住《ていじゅう》の始《はじ》まり

現在《げんざい》のところ、この時期《じき》の住居跡《じゅうきょあと》は全国《ぜんこく》でも50例《れい》から100例《れい》ほどしか見《み》つかっていません。イラストは洞窟《どうくつ》を利用《りよう》した1例《れい》。

早期《そうき》

約《やく》1万《まん》2000年《ねん》
▼
7000年前《ねんまえ》

気温《きおん》

一時的《いちじてき》に寒冷化《かんれいか》しますが、その後《ご》、温暖化《おんだんか》が本格的《ほんかくてき》になります。暖《あたた》かくなったことで氷河《ひょうが》が溶《と》け、海面《かいめん》が上昇《じょうしょう》。この頃《ころ》から、縄文海進《じょうもんかいしん》が始《はじ》まりました。（詳《くわ》しくはP14）

参考《さんこう》：『縄文文明《じょうもんぶんめい》の環境《かんきょう》』安田喜憲《やすだよしのり》　吉川弘文館《よしかわこうぶんかん》

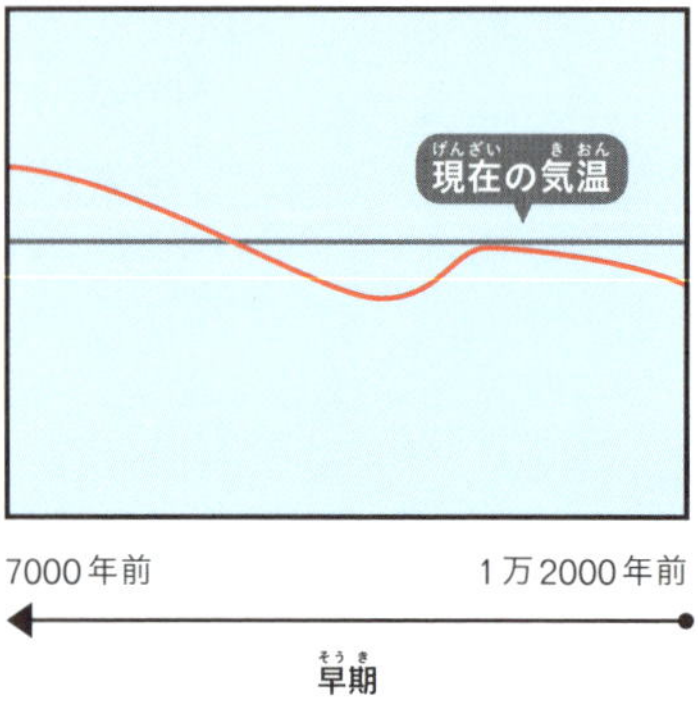

温暖化《おんだんか》へと環境《かんきょう》が変化《へんか》していく中《なか》で定住《ていじゅう》が本格化《ほんかくか》し、集落《しゅうらく》がつくられるようになります。住居《じゅうきょ》のそばには、大地《だいち》にトンネル状《じょう》の穴《あな》を開《あ》けた窯《かま》のような調理場《ちょうりば》なども見《み》つかっています。調理《ちょうり》のための加工《かこう》石器《せっき》が多《おお》く作《つく》られ始《はじ》めるのもこの時期《じき》です。

参考《さんこう》：『火山灰《かざんばい》は語《かた》る―火山《かざん》と平野《へいや》の自然史《しぜんし》』町田洋《まちだひろし》　蒼樹書房《そうじゅしょぼう》、
『新編火山灰《しんぺんかざんばい》アトラス―日本列島《にっぽんれっとう》とその周辺《しゅうへん》』町田洋《まちだひろし》・新井房夫《あらいふさお》　東京大学出版会《とうきょうだいがくしゅっぱんかい》

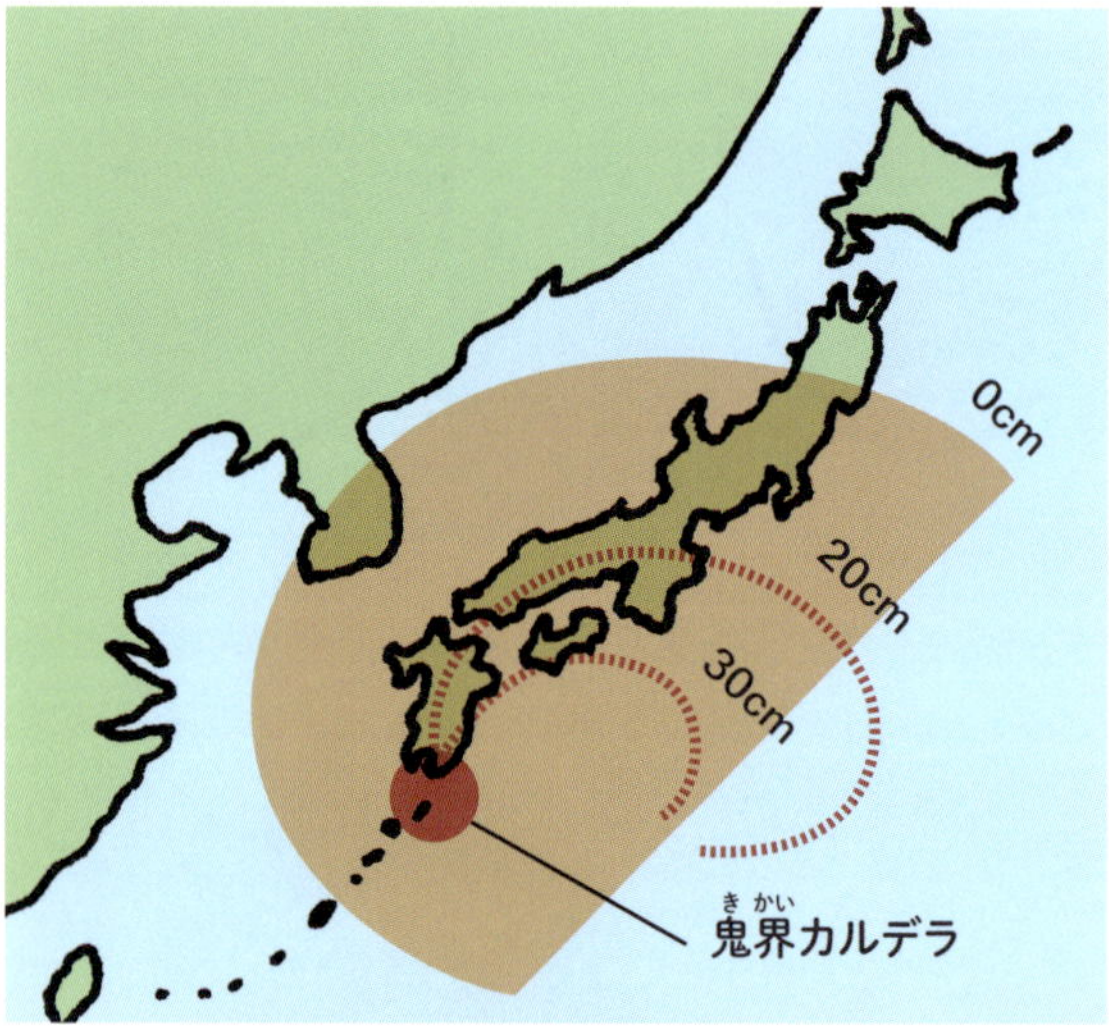

今《いま》から7200年前《ねんまえ》、鹿児島県沖《かごしまけんおき》の鬼界《きかい》カルデラの大爆発《だいばくはつ》によって、南九州《みなみきゅうしゅう》はもとより、遠《とお》くは関西地方《かんさいちほう》まで灰《はい》が飛《と》び、数十《すうじっ》cmほど積《つ》もったのだとか。食料《しょくりょう》を調達《ちょうたつ》していた森《もり》が破壊《はかい》されたため、西日本《にしにほん》で暮《く》らしていた人々《ひとびと》は移動《いどう》を始《はじ》めました。

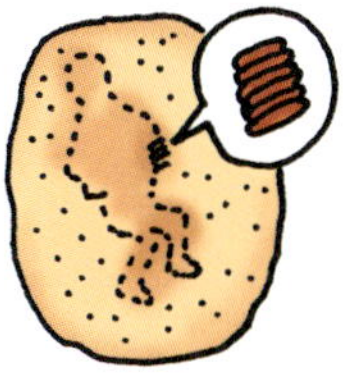

漆糸製品《うるしいとせいひん》（腕輪《うでわ》／ブレスレット）
北海道函館市《ほっかいどうはこだてし》 垣ノ島《かきのしま》 B 遺跡《いせき》 土壙墓《どこうぼ》

約《やく》9000年前《ねんまえ》にお墓《はか》に埋葬《まいそう》された人《ひと》の副葬品《ふくそうひん》として、漆《うるし》で赤《あか》く染色《せんしょく》された製品《せいひん》が見《み》つかっています。

竪穴住居《たてあなじゅうきょ》
鹿児島県霧島市《かごしまけんきりしまし》 上野原遺跡《うえのはらいせき》

約《やく》9500年前《ねんまえ》につくられた日本最古《にっぽんさいこ》の大規模《だいきぼ》な定住集落遺跡《ていじゅうしゅうらくいせき》です。

深鉢《ふかばち》
（尖底貝殻文土器《せんていかいがらもんどき》）

貝殻文《かいがらもん》
貝殻《かいがら》の背《せ》でなでる

深鉢《ふかばち》
（尖底押型文土器《せんていおしがたもんどき》）

押型文《おしがたもん》
木《き》の棒《ぼう》に文様《もんよう》を
彫《ほ》ってころがす

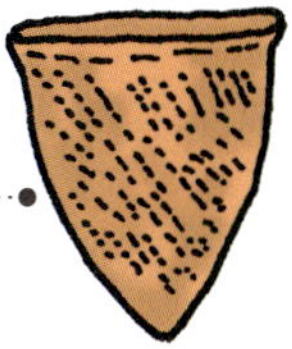

深鉢《ふかばち》
（尖底撚糸文土器《せんていよりいともんどき》）

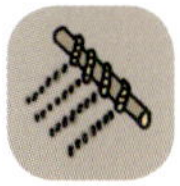

撚糸文《よりいともん》
木《き》の棒《ぼう》に撚《よ》ったひもを
巻《ま》いてころがす

土偶《どぐう》
千葉県千葉市《ちばけんちばし》 小室上台遺跡《こむろかみのだいいせき》
東日本《ひがしにほん》でも土偶《どぐう》が作《つく》られるようになりますが、顔《かお》の表現《ひょうげん》はありません。

籠《かご》
佐賀県佐賀市《さがけんさがし》
東名遺跡《ひがしみょういせき》
（詳《くわ》しくはP95～P99）

道具《どうぐ》によって違《ちが》う模様《もよう》

早期前半《そうきぜんはん》の九州地方《きゅうしゅうちほう》では、底《そこ》が平《たい》らな土器《どき》が多《おお》く作《つく》られました。その後《ご》、全国的《ぜんこくてき》に先《さき》が尖《とが》った尖底《せんてい》土器《どき》が多《おお》く作《つく》られるようになり、貝《かい》や木《き》の棒《ぼう》などの道具《どうぐ》で文様《もんよう》がほどこされました。そして徐々《じょじょ》に平底《ひらぞこ》、丸底《まるぞこ》、尖底《せんてい》と様々《さまざま》な底《そこ》の形《かたち》の土器《どき》へと変化《へんか》していきました。

前期《ぜんき》

約《やく》7000年《ねん》
▼
6000年前《ねんまえ》

温暖化《おんだんか》が進《すす》み、日本列島《にほんれっとう》にはその影響《えいきょう》が様々《さまざま》な形《かたち》であらわれました。早期《そうき》から始《はじ》まった縄文海進《じょうもんかいしん》は、この時期《じき》にピークを迎《むか》え、東日本《ひがしにほん》には温暖落葉樹《おんだんらくようじゅ》林《りん》、西日本《にしにほん》には照葉樹林《しょうようじゅりん》が広《ひろ》がりました。

気温《きおん》

現在《げんざい》の気温《きおん》よりも平均気温《へいきんきおん》が2度《ど》ほど高《たか》く、本格的《ほんかくてき》な温暖化《おんだんか》に突入《とつにゅう》しました。

参考《さんこう》：『縄文文明《じょうもんぶんめい》の環境《かんきょう》』安田喜憲《やすだよしのり》　吉川弘文館《よしかわこうぶんかん》

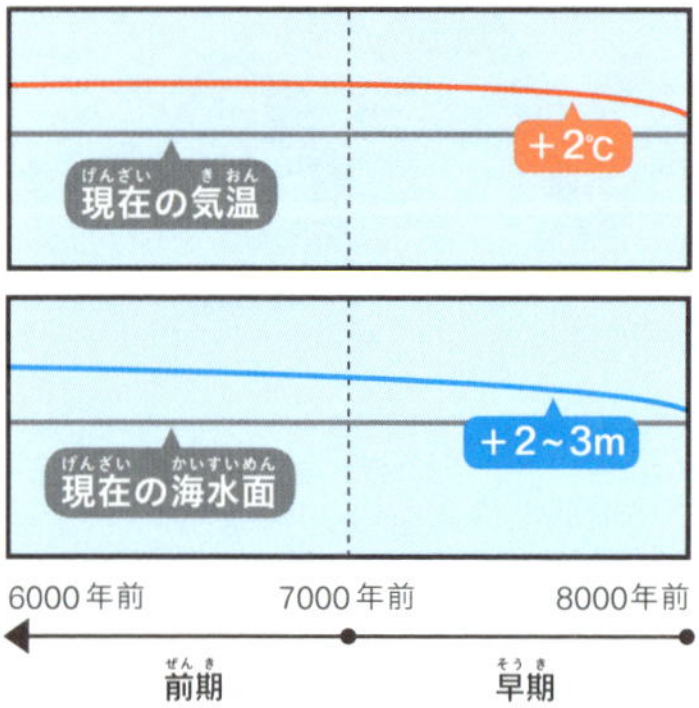

参考《さんこう》：『日本歴史地図《にっぽんれきしちず》 原始《げんし》・古代編《こだいへん》 上《じょう》』柏書房《かしわしょぼう》

縄文海進《じょうもんかいしん》とは？

6000年前《ねんまえ》に温暖化《おんだんか》の影響《えいきょう》によって氷河《ひょうが》が溶《と》けだし、海面《かいめん》が今《いま》より5～6m上昇《じょうしょう》。その結果《けっか》、海岸線《かいがんせん》が内陸部《ないりくぶ》まで入《はい》りこんだ現象《げんしょう》を縄文海進《じょうもんかいしん》といいます。その後《ご》、再《ふたた》び気温《きおん》が下《さ》がり始《はじ》めて海水《かいすい》が氷《こおり》になり、4000～3500年《ねん》ほど前《まえ》（縄文時代後期《じょうもんじだいこうき》）には海面《かいめん》も低《ひく》くなりました。

貯蔵穴《ちょぞうけつ》について

年《ねん》に一度《いちど》、秋《あき》に実《みの》った木《こ》の実《み》を大量《たいりょう》に採集《さいしゅう》し保管《ほかん》する穴《あな》のこと。後《のち》の時期《じき》には粘土とドングリを交互《こうご》に入《い》れて樹皮《じゅひ》でフタをして保管《ほかん》しました。

集落《しゅうらく》について

東日本《ひがしにほん》、特《とく》に東北地方《とうほくちほう》では、広場《ひろば》を中心《ちゅうしん》に竪穴住居《たてあなじゅうきょ》が円《まる》く配列《はいれつ》された環状集落《かんじょうしゅうらく》が多《おお》く作《つく》られるようになりました。

貝拾《かいひろ》いについて

カキやハマグリなど貝塚《かいづか》に残《のこ》された貝《かい》を見《み》ると、現在《げんざい》の2倍以上《ばいいじょう》の大《おお》きさであることも珍《めずら》しくありません。

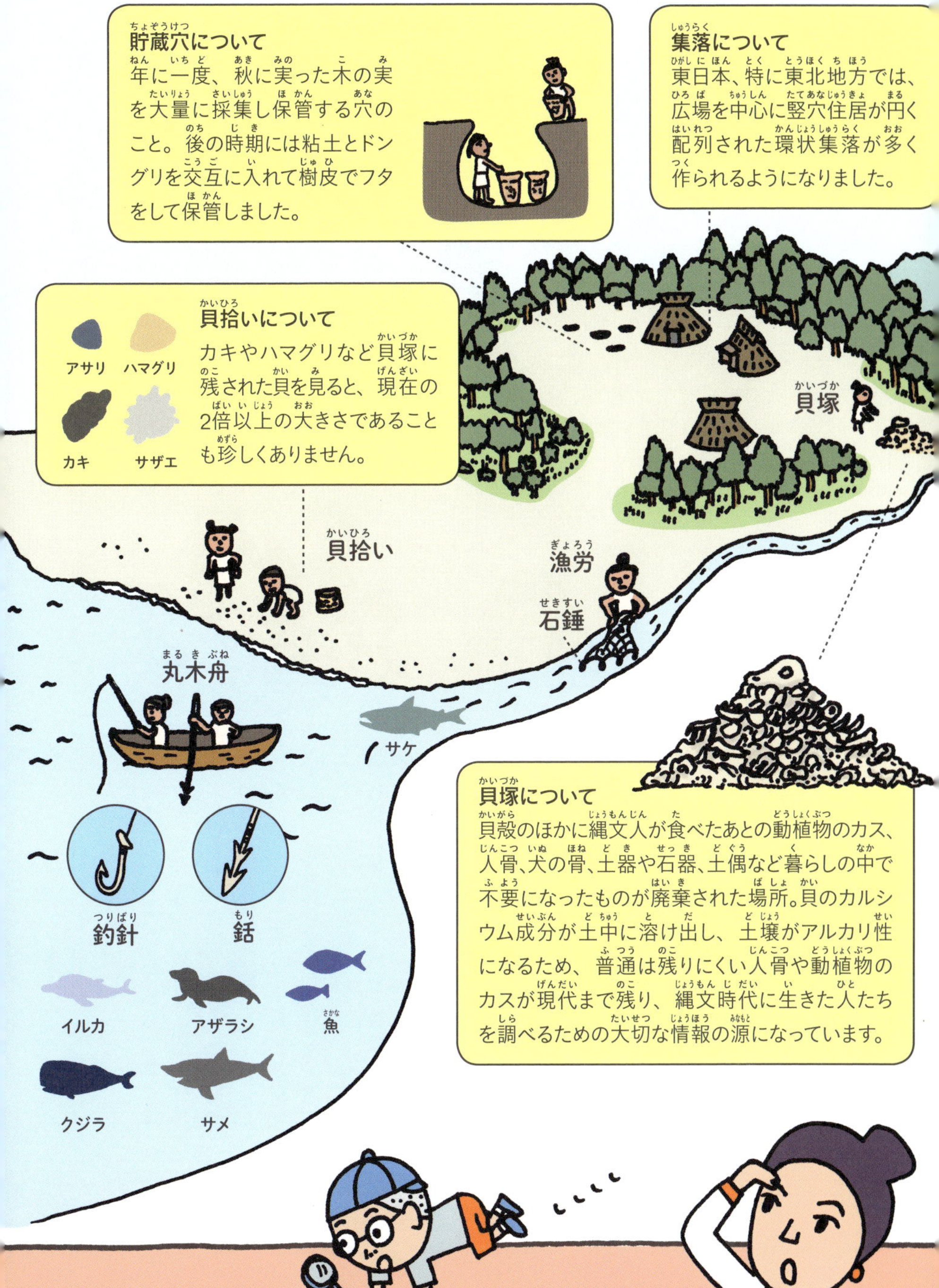

貝塚《かいづか》について

貝殻《かいがら》のほかに縄文人《じょうもんじん》が食《た》べたあとの動植物《どうしょくぶつ》のカス、人骨《じんこつ》、犬《いぬ》の骨《ほね》、土器《どき》や石器《せっき》、土偶《どぐう》など暮《く》らしの中《なか》で不要《ふよう》になったものが廃棄《はいき》された場所《ばしょ》。貝《かい》のカルシウム成分《せいぶん》が土中《どちゅう》に溶《と》け出《だ》し、土壌《どじょう》がアルカリ性《せい》になるため、普通《ふつう》は残《のこ》りにくい人骨《じんこつ》や動植物《どうしょくぶつ》のカスが現代《げんだい》まで残《のこ》り、縄文時代《じょうもんじだい》に生《い》きた人《ひと》たちを調《しら》べるための大切《たいせつ》な情報《じょうほう》の源《みなもと》になっています。

建物《たてもの》について

土葺《つちぶ》きの建物《たてもの》

木材《もくざい》で骨組《ほねぐ》みし、その上《うえ》に樹皮《じゅひ》や草木《くさき》で下地《したじ》を作《つく》ります。土《つち》を葺《ふ》き草《くさ》を生《は》やし崩《くず》れてこないようにします。気密性《きみつせい》の高《たか》い家《いえ》になります。

大型《おおがた》の建物《たてもの》

ロングハウスとも呼《よ》ばれる大型《おおがた》の竪穴《たてあな》建物《たてもの》。諸説《しょせつ》ありますが長屋《ながや》のような共同住居《きょうどうじゅうきょ》の場合《ばあい》もありました。

茅葺《かやぶ》きの建物《たてもの》

木材《もくざい》で骨組《ほねぐ》みし、その上《うえ》に茅《かや》を葺《ふ》いて完成《かんせい》。風通《かぜとお》しのよい家《いえ》になります。

掘立柱《ほったてばしら》の建物《たてもの》

竪穴住居《たてあなじゅうきょ》のように床《ゆか》を掘《ほ》り下《さ》げず、地面《じめん》に直接穴《ちょくせつあな》を掘《ほ》って柱《はしら》を組《く》み上《あ》げた建物《たてもの》。高床《たかゆか》の場合《ばあい》もありました。

樹皮葺《じゅひぶ》きの建物《たてもの》

木材《もくざい》で骨組《ほねぐ》みし、樹皮《じゅひ》をかぶせて完成《かんせい》。比較的簡易《ひかくてきかんい》な家《いえ》。

木材《もくざい》で作《つく》られていた住居《じゅうきょ》は実際《じっさい》には残《のこ》っていません。しかし、焼《や》けて屋根材《やねざい》が残《のこ》った資料《しりょう》や、柱《はしら》の穴《あな》や竪穴《たてあな》の埋没状《まいぼつじょう》況《きょう》から当時《とうじ》の住居《じゅうきょ》が想像《そうぞう》されています。住居《じゅうきょ》の中《なか》には炉《ろ》(今《いま》でいう囲炉裏《いろり》)があり、そこで料理《りょうり》を作《つく》りました。また、家《いえ》の中《なか》で火《ひ》を焚《た》くことで、室内《しつない》を乾燥《かんそう》させました。煤《すす》がつくことで柱《はしら》が燻《いぶ》され、雨《あめ》に強《つよ》くて虫《むし》がつきにくく、長持《ながも》ちする工夫《くふう》にもなりました。

漆塗土器《うるしぬりどき》

小型浅鉢《こがたあさばち》

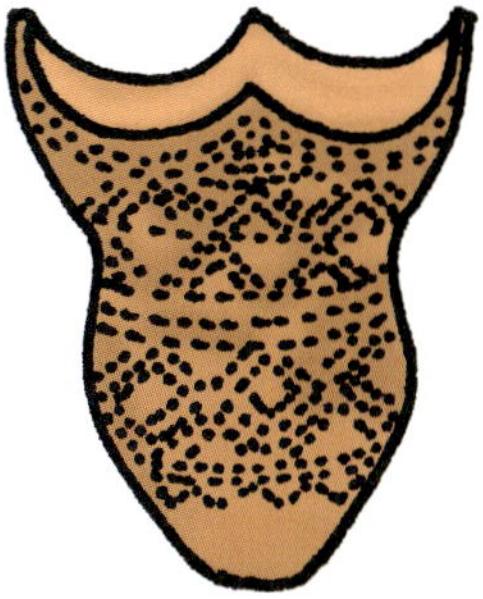

深鉢《ふかばち》
（波状口縁《はじょうこうえん》）

バラエティ豊《ゆた》かな土器《どき》

深鉢形《ふかばちがた》の土器《どき》だけでなく、浅鉢《あさばち》、壺形土器《つぼがたどき》、漆《うるし》が塗《ぬ》られた土器《どき》、片口付《かたくちつ》きの深鉢《ふかばち》、そろばんの玉《たま》のような形《かたち》をした小型《こがた》の有孔土器《ゆうこうどき》など、様々《さまざま》な種類《しゅるい》の土器《どき》が作《つく》られるようになりました。

イノシシの顔《かお》

深鉢《ふかばち》
（獣面把手付土器《じゅうめんとってつきどき》）

深鉢《ふかばち》
（円筒土器《えんとうどき》）

浅鉢《あさばち》
（有孔土器《ゆうこうどき》）

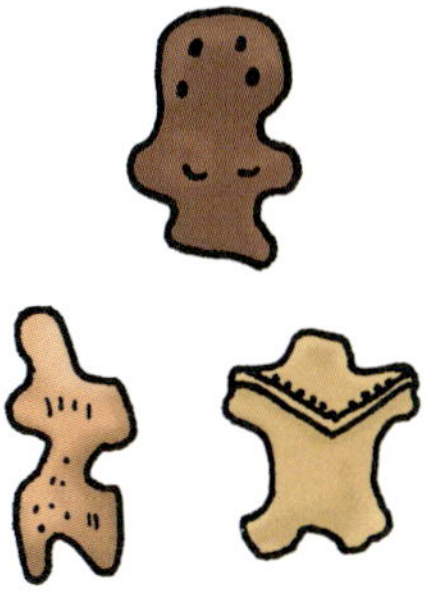

板状土偶《ばんじょうどぐう》

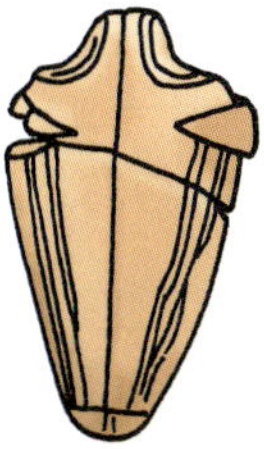

岩偶《がんぐう》

顔《かお》のない土偶《どぐう》たち

自立《じりつ》しない板状《いたじょう》の土偶《どぐう》が作《つく》られるようになります。頭《あたま》の部分《ぶぶん》に穴《あな》を開《あ》け、顔《かお》を意識《いしき》した土偶《どぐう》も作《つく》られますが、はっきりとした顔《かお》の表現《ひょうげん》はありません。石《いし》で作《つく》られた人形《ひとがた》である「岩偶《がんぐう》」も登場《とうじょう》しました。

顔《かお》を表現《ひょうげん》したいっていう気持《きも》ちが表《あらわ》れてたの

中期《ちゅうき》

約《やく》6000年《ねん》
▼
4500年前《ねんまえ》

縄文時代《じょうもんじだい》の中《なか》で最《もっと》も自然環境《しぜんかんきょう》が安定《あんてい》していた時期《じき》です。食料《しょくりょう》となる植物《しょくぶつ》が森《もり》から安定的《あんていてき》に供給《きょうきゅう》され、中部地方《ちゅうぶちほう》の高地《こうち》のように、人口《じんこう》が爆発的《ばくはつてき》に増《ふ》えた地域《ちいき》もありました。

気温《きおん》

前期《ぜんき》から引《ひ》き続《つづ》き温暖化《おんだんか》が続《つづ》く中《なか》で、森《もり》が安定《あんてい》し、植物質食料《しょくぶつしつしょくりょう》が豊富《ほうふ》になります。ただし、終《お》わりごろには気温《きおん》が下《さ》がり始《はじ》めました。

参考《さんこう》：『縄文文明《じょうもんぶんめい》の環境《かんきょう》』安田喜憲《やすだよしのり》　吉川弘文館《よしかわこうぶんかん》

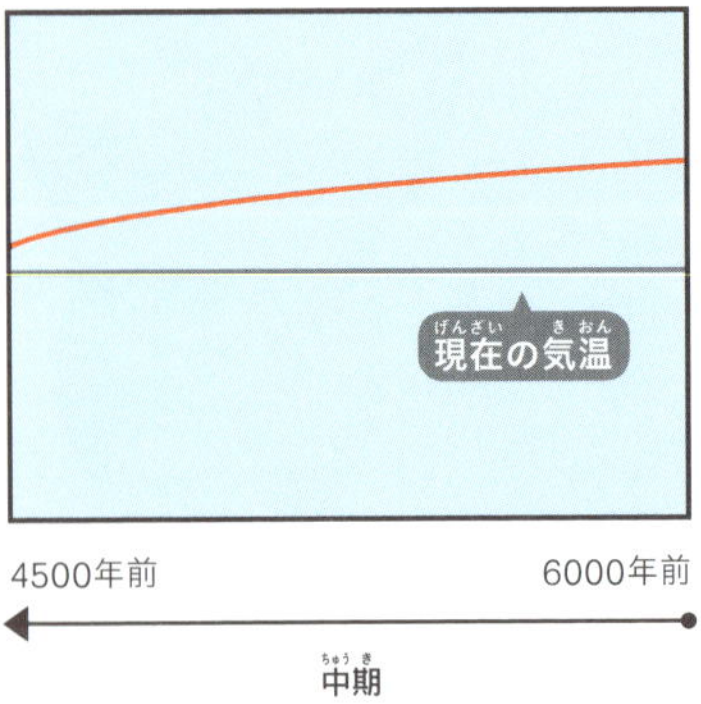

集落《しゅうらく》が分《わ》かれる

次第《しだい》に大《おお》きな集落《しゅうらく》が作《つく》られますが、元《もと》の大《おお》きな集落《しゅうらく》(本村《ほんそん》)の周辺《しゅうへん》に、新《あら》たな集落《しゅうらく》(分村《ぶんそん》)を作《つく》る人《ひと》たちも出現《しゅつげん》しました。

5～6軒《けん》が集《あつ》まり
集落《しゅうらく》になります。

人口《じんこう》が増《ふ》えて竪穴住居《たてあなじゅうきょ》が
20～50軒《けん》ほどになりました。

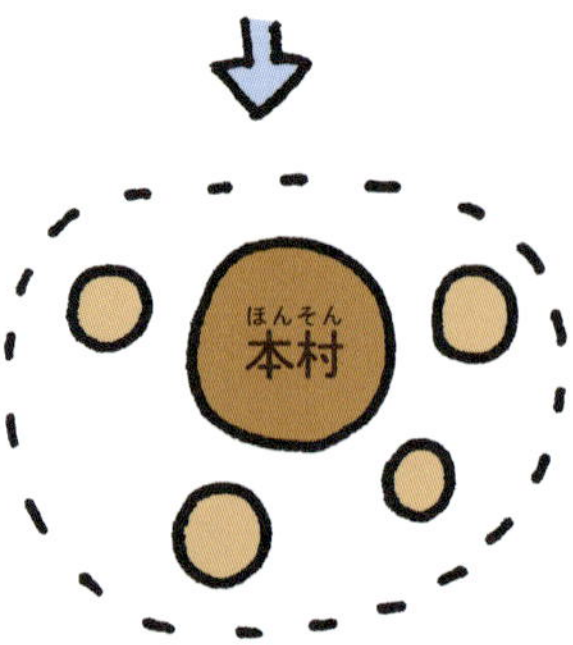

分村《ぶんそん》
食料《しょくりょう》や衛生面《えいせいめん》から
分村《ぶんそん》したそうです。

生活道具《せいかつどうぐ》になる石器《せっき》

中部高地《ちゅうぶこうち》では狩猟《しゅりょう》に使《つか》う石鏃《せきぞく》が少《すく》なくなり、土《つち》を掘《ほ》るような石器《せっき》「打製石斧《だせいせきふ》」や調理《ちょうり》で使《つか》う石皿《いしざら》や磨石《すりいし》など植物《しょくぶつ》を加工《かこう》するための石《いし》の道具《どうぐ》が増《ふ》えました。

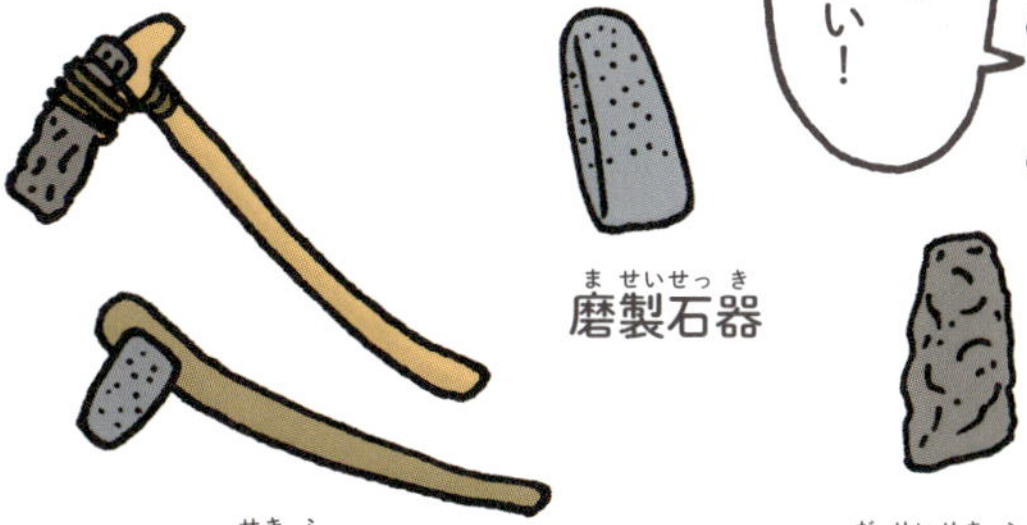

石斧《せきふ》
石器《せっき》を木《き》の柄《え》につけて使《つか》う

打製石斧《だせいせきふ》
石《いし》を打《う》ち欠《か》いたままの石器《せっき》

いろいろな木《こ》の実《み》

西日本《にしにほん》や九州《きゅうしゅう》ではアク抜《ぬ》きをせずに食《た》べられるイチイガシや、その他《た》の木《こ》の実《み》としてカシを中心《ちゅうしん》に、クルミ、クリなどを食《た》べていました。東北《とうほく》・関東《かんとう》・北陸《ほくりく》でもナラ、クヌギ、カシを中心に食《た》べていました。

石器《せっき》の使《つか》い方《かた》

平《たい》らに削《けず》った石皿《いしざら》の上《うえ》に木《こ》の実《み》をのせ、磨石《すりいし》でゴリゴリとすり潰《つぶ》したり、たたき石《いし》で割《わ》ったりして中《なか》の実《み》を取《と》り出《だ》しました。

中部高地周辺《ちゅうぶこうちしゅうへん》ではマメ類《るい》の管理栽培《かんりさいばい》が行《おこな》われていたのでは、と言《い》われています。野生《やせい》のマメから大《おお》きなものを選《えら》び出《だ》して大地《だいち》に撒《ま》き、それを何度《なんど》も繰《く》り返《かえ》すことで人間《にんげん》が管理《かんり》しやすいマメにしたのではないかとして、現在《げんざい》、研究《けんきゅう》が進《すす》んでいます。

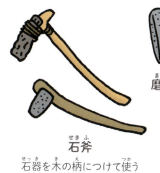

派手《はで》でユニークな土器《どき》

今《いま》まで作《つく》られていた深鉢《ふかばち》、浅鉢《あさばち》に加《くわ》え、ランプのような吊手土器《つりてどき》や人《ひと》の形《かたち》が造形《ぞうけい》された土器《どき》も作《つく》られるようになります。新潟県《にいがたけん》を中心《ちゅうしん》とする信濃川流域《しなのがわりゅういき》では、約《やく》５００年間《ねんかん》ほど火焔型土器《かえんがたどき》が作《つく》られました。

深鉢《ふかばち》（火焔型土器《かえんがたどき》）

石錐《せきすい》

穴《あな》をあける道具《どうぐ》。

石匙《いしさじ》

動物《どうぶつ》の皮《かわ》を剝《は》ぐための携帯用《けいたいよう》の石《いし》のナイフです。

浅鉢《あさばち》

深鉢《ふかばち》

深鉢《ふかばち》

こうもり形吊手土器《がたつりてどき》

把手付深鉢《とってつきふかばち》

有孔鍔付土器《ゆうこうつばつきどき》

（人体文付《じんたいもんつ》き）

祈《いの》りの道具《どうぐ》たち

土偶《どぐう》をはじめとする様々《さまざま》な祈《いの》りの道具《どうぐ》が作《つく》られます。なかには貝《かい》でできた仮面《かめん》もありました。

貝製《かいせい》の面《めん》(イタボガキ製《せい》)
熊本県熊本市《くまもとけんくまもとし》 阿高貝塚《あだかかいづか》
高《たか》さ19.8㎝

サル形《がた》土《ど》製品《せいひん》

大型化《おおがたか》する土偶《どぐう》

東日本《ひがしにほん》で多《おお》くの土偶《どぐう》が作《つく》られるようになりました。そのほとんどに顔《かお》の表現《ひょうげん》があり、自立《じりつ》する土偶《どぐう》も出現《しゅつげん》します。大型《おおがた》の立像土偶《りつぞうどぐう》(縄文《じょうもん》の女神《めがみ》、縄文《じょうもん》のビーナスなど、P136～P137)が作《つく》られ始《はじ》めるのもこのころです。

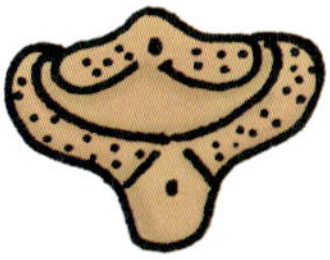

三角土偶《さんかくどぐう》

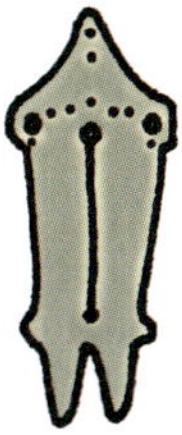

岩偶《がんぐう》

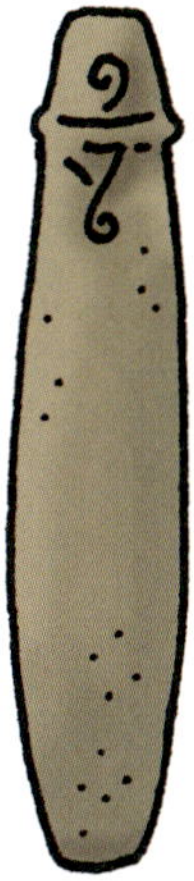

石棒《せきぼう》(彫刻付《ちょうこくつき》)
新潟県十日町市《にいがたけんとおかまちし》 芋川原遺跡《いもごうばらいせき》
高《たか》さ71.3㎝

土偶《どぐう》

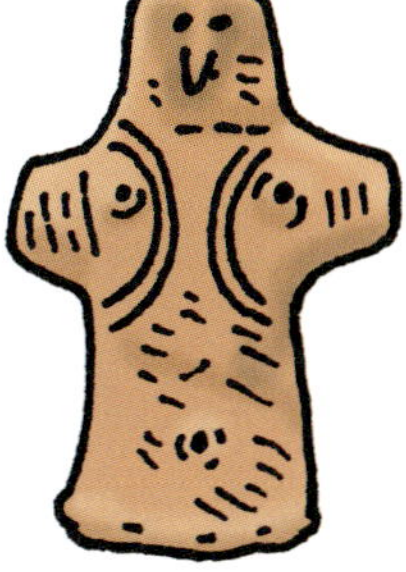

板状土偶《ばんじょうどぐう》

円錐形土偶《えんすいがたどぐう》

小形土偶《こがたどぐう》

装身具《そうしんぐ》について

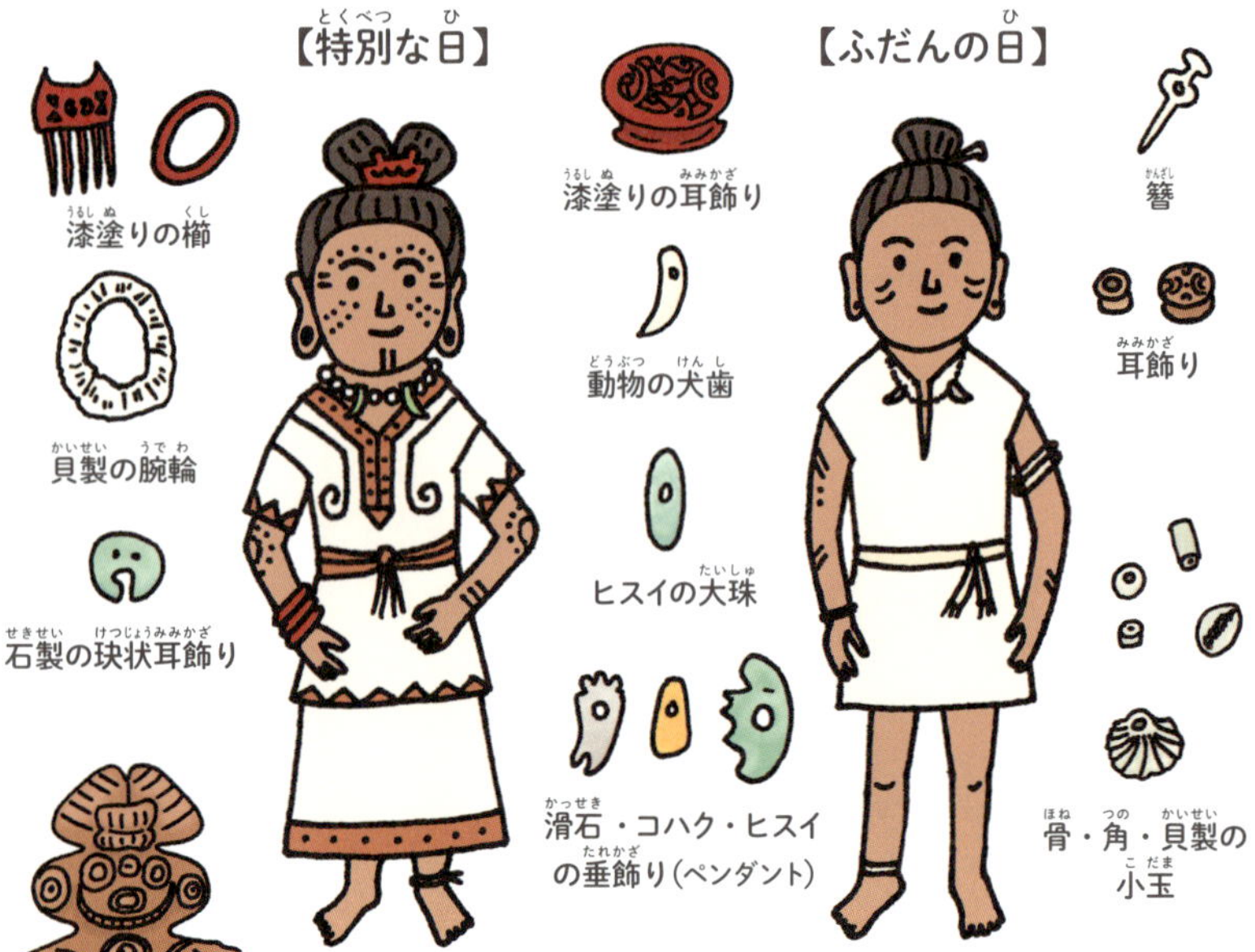

装身具《そうしんぐ》を
つけている土偶《どぐう》

縄文人《じょうもんじん》はとってもおしゃれ好《ず》きな人《ひと》たちだったようです。

シカの角《つの》や骨《ほね》で作《つく》った簪《かんざし》を頭《あたま》に挿《さ》したり、耳《みみ》には今《いま》でいうピアスをしていました。

お祭《まつ》りなどの特別《とくべつ》な日《ひ》は、いつも以上《いじょう》に着飾《きかざ》ります。顔《かお》にペインティングをしたり、頭《あたま》の上《うえ》に結《ゆ》い上《あ》げたお団子状《だんごじょう》の髪形《かみがた》に、赤《あか》い漆《うるし》を塗《ぬ》った櫛《くし》を挿《さ》したりして、ハレ（特別《とくべつ》）の日《ひ》を楽《たの》しみました。

集落《しゅうらく》のリーダーや祈《いの》りを捧《ささ》げるシャーマン（呪術師《じゅじゅつし》）は威厳《いげん》を示《しめ》すために、他《ほか》の人《ひと》以上《いじょう》に着飾《きかざ》り、腕《うで》には貝《かい》でできた貝輪《かいわ》をしたり、貴重《きちょう》な石《いし》であるヒスイの珠《たま》などを身《み》につけて祭《まつ》りを取《と》り仕切《しき》っていたと考《かんが》えられています。


当時《とうじ》の人々《ひとびと》の服装《ふくそう》や髪形《かみがた》は、土偶《どぐう》にほどこされた模様《もよう》や造作《ぞうさく》を参考《さんこう》に読《よ》み解《と》くことができます。

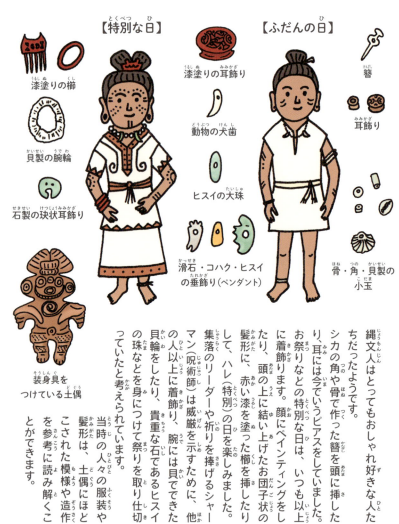

後期《こうき》

約《やく》4500年《ねん》
▼
3500年前《ねんまえ》

人口《じんこう》が爆発的《ばくはつてき》に増《ふ》えた中期《ちゅうき》から一転《いってん》。後期《こうき》は大《おお》きな集落《しゅうらく》は姿《すがた》を消《け》し、小《ちい》さな集落《しゅうらく》が主流《しゅりゅう》になりました。また、風通《かぜとお》しのよい高台《たかだい》に作《つく》られることが多《おお》かった集落《しゅうらく》が、川《かわ》の流域《りゅういき》や台地《だいち》の下《した》でもつくられるようになりました。

気温《きおん》

中期《ちゅうき》の終《お》わりから下《さ》がり始《はじ》めた気温《きおん》が、後期《こうき》になってもジワジワと下《さ》がり続《つづ》けました。

参考《さんこう》：『縄文文明《じょうもんぶんめい》の環境《かんきょう》』安田喜憲《やすだよしのり》　吉川弘文館《よしかわこうぶんかん》

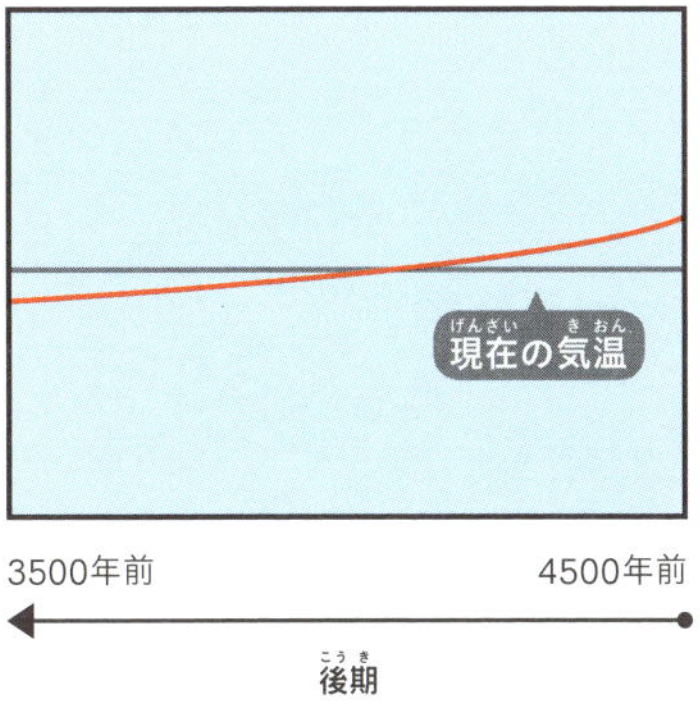

水晒《みずさら》し場《ば》

集落《しゅうらく》の近《ちか》くにある泉《いずみ》を利用《りよう》して、トチノミなどを水《みず》に晒《さら》してアク抜《ぬ》きをする施設《しせつ》です。

抜歯《ばっし》

14〜16歳《さい》ごろに行《おこな》われることが多《おお》い抜歯《ばっし》は、成人《せいじん》の儀礼《ぎれい》など、人生《じんせい》の節目《ふしめ》に行《おこな》われました。

祈《いの》りの場《ば》

ストーンサークル

石《いし》を円《まる》く配列《はいれつ》した環状列石《かんじょうれっせき》（ストーンサークル）が東日本《ひがしにほん》を中心《ちゅうしん》に作《つく》られました。祈《いの》りの場《ば》とされ、周囲《しゅうい》に住居跡《じゅうきょあと》がないことも特徴《とくちょう》のひとつです。中《なか》には石《いし》の下《した》がお墓《はか》になっている場所《ばしょ》もあります。

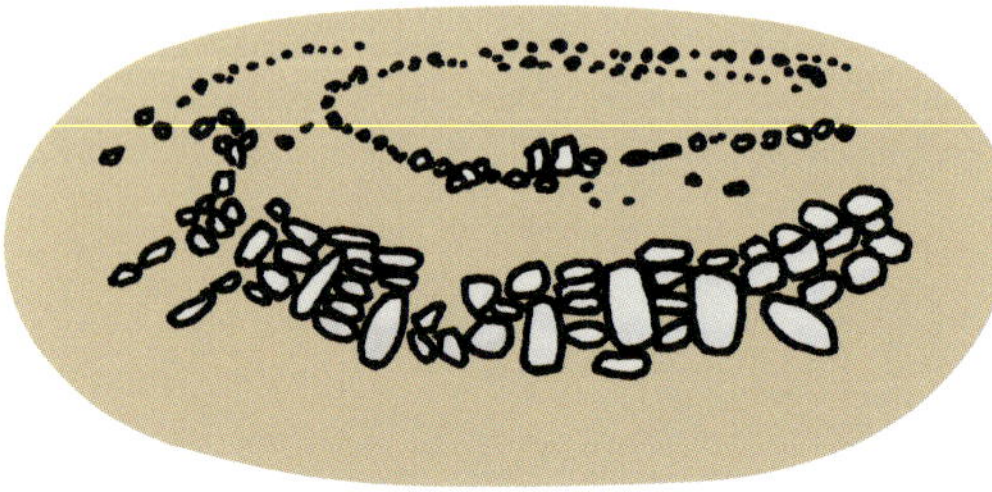

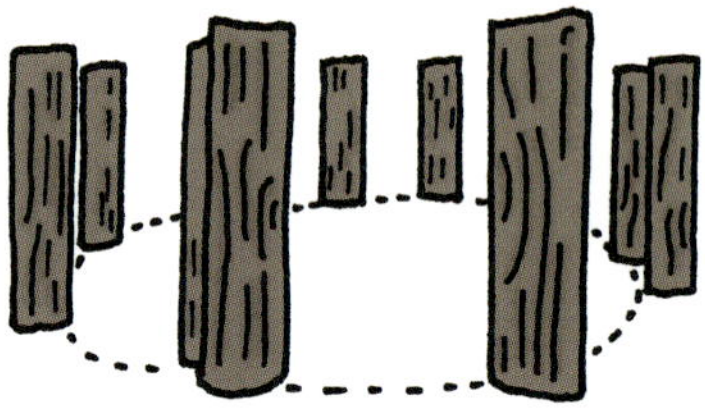

ウッドサークル

半割《はんわ》りにした大《おお》きな木材《もくざい》を円《まる》く配列《はいれつ》して作《つく》った祈《いの》りの場《ば》です。

祈《いの》りの道具《どうぐ》

石冠《せっかん》

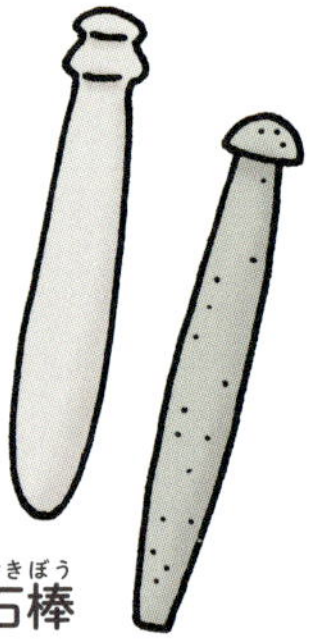

石棒《せきぼう》

東日本《ひがしにほん》で広《ひろ》く作《つく》られるようになり、大《おお》きなものから次第《しだい》に小《ちい》さなものへと変化《へんか》しました。

敷石住居《しきいしじゅうきょ》

床《ゆか》に石《いし》を敷《し》き詰《つ》めた建物《たてもの》が東日本《ひがしにほん》を中心《ちゅうしん》に作《つく》られました。祈《いの》りの場《ば》であるという説《せつ》もあります。

埋葬《まいそう》について

埋葬《まいそう》にも種類《しゅるい》がありました。中期《ちゅうき》までは足《あし》を曲《ま》げて丸《まる》くなった状態《じょうたい》で埋葬《まいそう》する屈葬《くっそう》が多《おお》く、その後《ご》の時期《じき》には足《あし》を延《の》ばしたまま埋葬《まいそう》する伸展葬《しんてんそう》が多《おお》くなります。なかにはいったん埋葬《まいそう》し、白骨化《はっこつか》させた後《あと》、骨《ほね》を掘《ほ》り出《だ》して再《ふたた》び土器《どき》に骨《ほね》を入《い》れて埋葬《まいそう》する再葬《さいそう》が行《おこな》われることもありました。赤《あか》ちゃんや幼児《ようじ》は土器《どき》に入《い》れ、大人《おとな》とは違《ちが》う場所《ばしょ》のお墓《はか》に埋《う》められることもありました。

屈葬《くっそう》

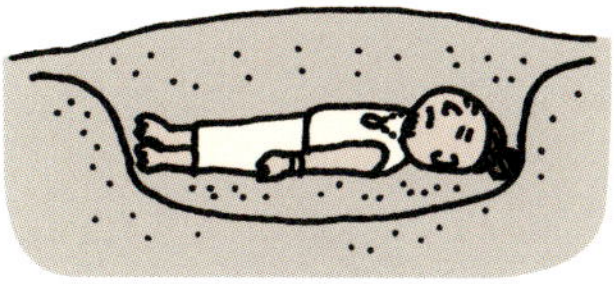

伸展葬《しんてんそう》

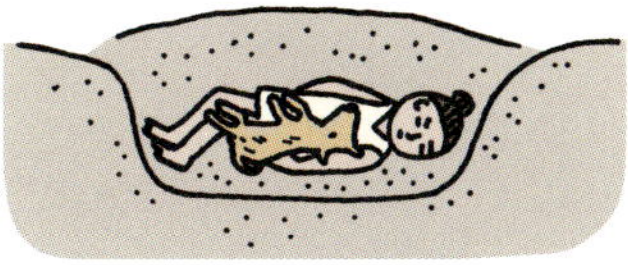

犬《いぬ》との合葬《がっそう》

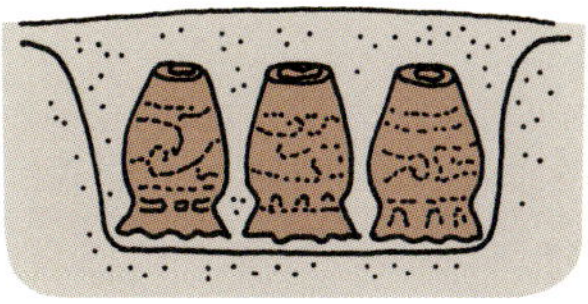

再葬《さいそう》

土器《どき》の底《そこ》に穴《あな》を開《あ》けることが多《おお》い

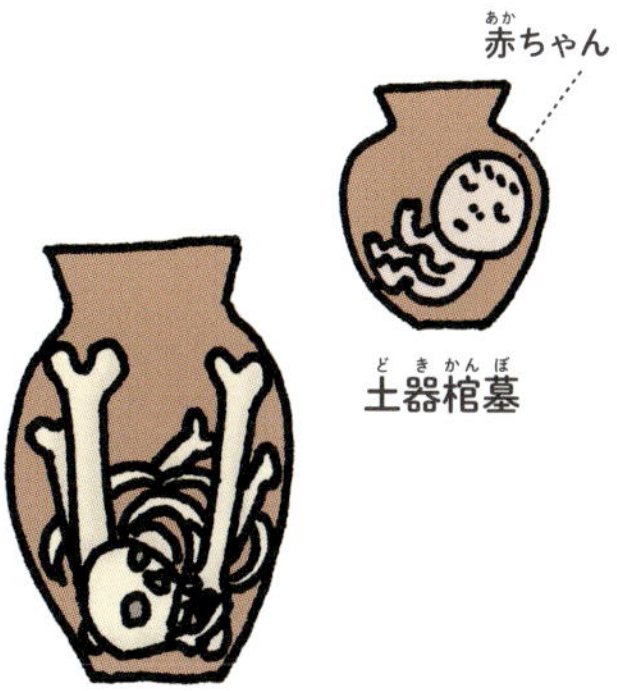

土器棺墓《どきかんぼ》

〈寿命《じゅみょう》について〉

生《う》まれた子《こ》どものうち、およそ半《はん》数《すう》が亡《な》くなったとされる縄文時代《じょうもんじだい》。ガンに侵《おか》された人《ひと》や小児《しょうに》まひにかかった人《ひと》の人骨《じんこつ》も発見《はっけん》されていますから、医療《いりょう》が今《いま》のように発《はっ》達《たっ》していない縄文時代《じょうもんじだい》は、今以上《いまいじょう》に病気《びょうき》やケガは怖《こわ》いものだったに違《ちが》いありません。いろいろな説《せつ》がありますが、現在《げんざい》は、そうした様々《さまざま》な要因《よういん》から、死《し》を迎《むか》える人《ひと》の平均寿命《へいきんじゅみょう》は、およそ40歳位《さいぐらい》だったと考《かんが》えられています。

壺《つぼ》

深鉢《ふかばち》

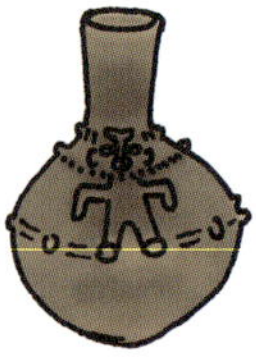

人形装飾付壺《ひとがたそうしょくつきつぼ》

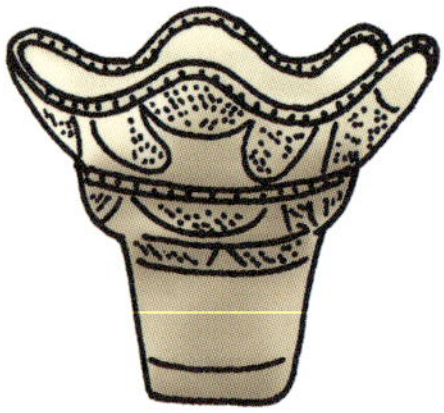

深鉢《ふかばち》

生活《せいかつ》に合わせた土器《どき》

一度《いちど》つけた縄文《じょうもん》をデザインに合《あ》わせて磨《す》り消《け》す磨消縄文《すりけしじょうもん》が多用《たよう》され、全体《ぜんたい》的《てき》に小《ちい》さく、そして薄《うす》くなりました。片口《かたくち》の土器《どき》や土瓶《どびん》のような注口土器《ちゅうこうどき》も作《つく》られました。多種多様《たしゅたよう》な土器《どき》が作《つく》られた時期《じき》といえます。

（赤漆塗《あかうるしぬ》り）　水差《みずさ》し　（黒漆塗《くろうるしぬ》り）

注口土器《ちゅうこうどき》

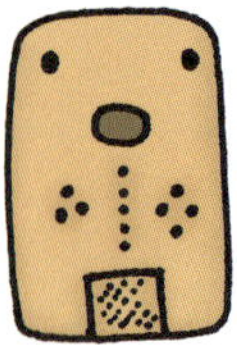

土版《どばん》

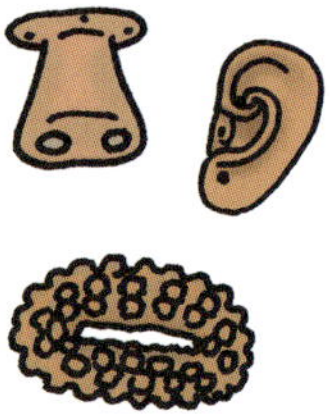

鼻《はな》・口《くち》・耳形土製品《みみがたどせいひん》

スタンプ状土製品《じょうどせいひん》

変《か》わった土製品《どせいひん》

儀式《ぎしき》で使《つか》われたとされる土《つち》でできた面《めん》（土面《どめん》）や、お守《まも》りとして紐《ひも》を通《とお》して吊《つ》り下《さ》げた土版《どばん》が作《つく》られました。なかには、鼻《はな》や口《くち》といった、顔《かお》のパーツをかたどった土製品《どせいひん》も見《み》つかっています。

土面《どめん》

いろんな型式《かたしき》の土偶《どぐう》

ユニークな形《かたち》をした土偶《どぐう》が多《おお》く作《つく》られるようになります。なかには赤《あか》く塗《ぬ》られた土偶《どぐう》もありました。筒形土偶《つつがたどぐう》（P128）、ハート形土偶《がたどぐう》、山形土偶《やまがたどぐう》、屈折座像土偶《くっせつざぞうどぐう》（P134）、みみずく土偶《どぐう》など個性的《こせいてき》な土偶《どぐう》が多《おお》いのが特徴《とくちょう》です。また、シカの角《つの》で作《つく》られた角偶《かくぐう》や動物形《どうぶつがた》の土製品《どせいひん》が東日本《ひがしにほん》を中心《ちゅうしん》に作《つく》られました。

ハート形土偶《がたどぐう》

山形土偶《やまがたどぐう》
（詳《くわ》しくはP141）

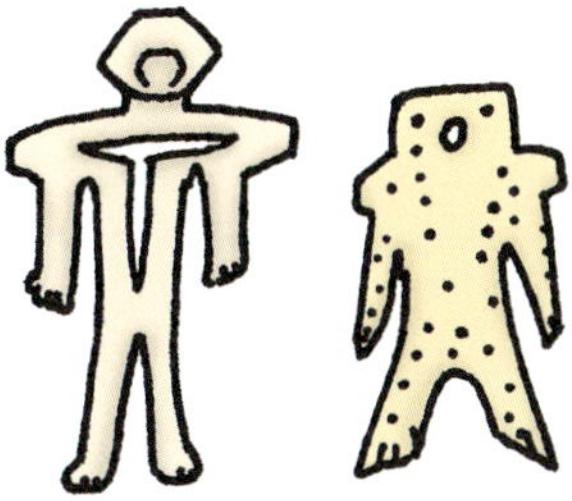

角偶《かくぐう》 （詳《くわ》しくはP143）

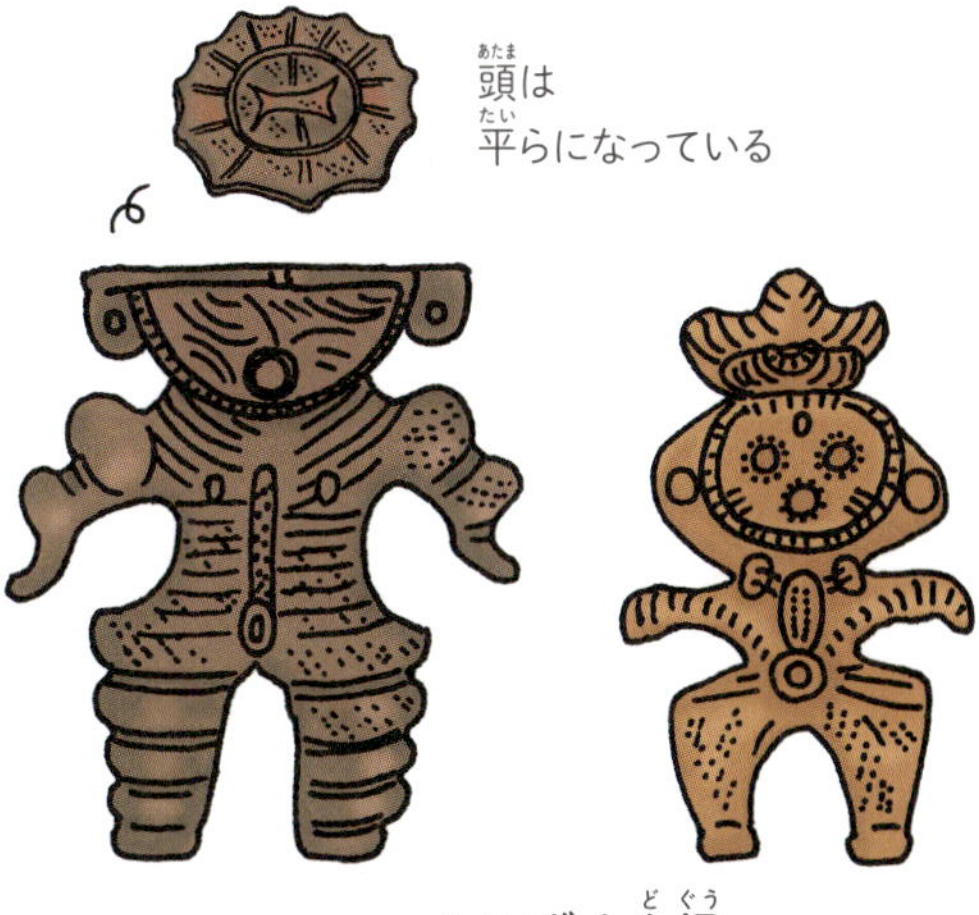

みみずく土偶《どぐう》

クマ形土製品《がたどせいひん》

子《こ》どもの
手形付土製品《てがたつきどせいひん》

子《こ》どもの
足形付土製品《あしがたつきどせいひん》

晩《ばん》期《き》

約《やく》3500年《ねん》
▼
2400年前《ねんまえ》

およそ4000年前《ねんまえ》に始《はじ》まった気温《きおん》の下降《かこう》が進《すす》み、温暖化《おんだんか》によって溶《と》け出《だ》していた海水《かいすい》が氷《こおり》に戻《もど》ります。結果《けっか》、海面《かいめん》が下《さ》がり海岸線《かいがんせん》は後退《こうたい》。北部九州《ほくぶきゅうしゅう》では渡来《とらい》の人々《ひとびと》によって水田稲作《すいでんいなさく》が開始《かいし》されました。

気温《きおん》

海水面《かいすいめん》が今《いま》よりも2mほど低《ひく》くなりました。その結果《けっか》、海岸線《かいがんせん》が後退《こうたい》することになりました。

参考《さんこう》：『縄文文明《じょうもんぶんめい》の環境《かんきょう》』安田喜憲《やすだよしのり》　吉川弘文館《よしかわこうぶんかん》

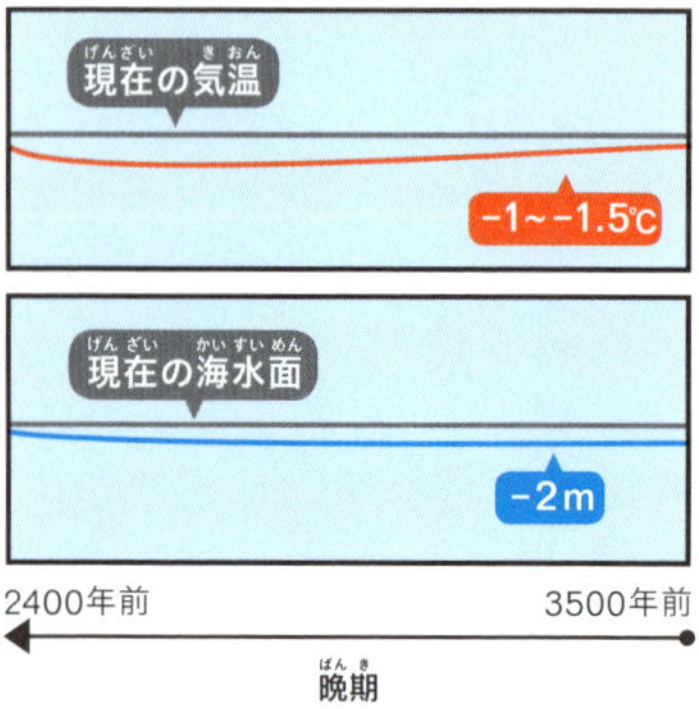

集落《しゅうらく》の移動《いどう》

寒冷化したことにより、食料《しょくりょう》を獲得《かくとく》するための活動範囲《かつどうはんい》が低地《ていち》に広《ひろ》がりました。集落《しゅうらく》が高台《たかだい》から低地《ていち》へと本格的《ほんかくてき》に移動《いどう》を始《はじ》めました。

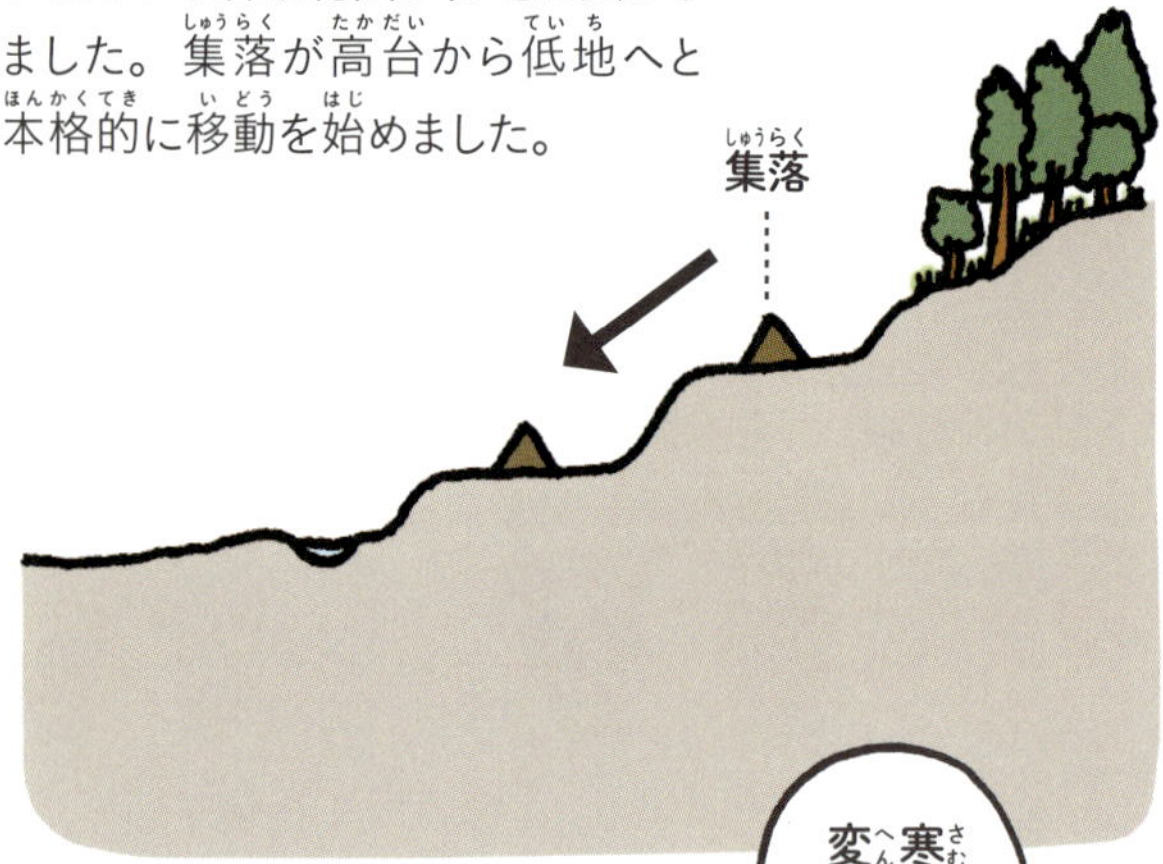

【冬《ふゆ》の服装《ふくそう》】

動物《どうぶつ》の毛皮《けがわ》でできた防寒頭巾《ぼうかんずきん》

布《ぬの》の服《ふく》の上《うえ》には毛皮《けがわ》でできたベストや風《かぜ》よけのケープ

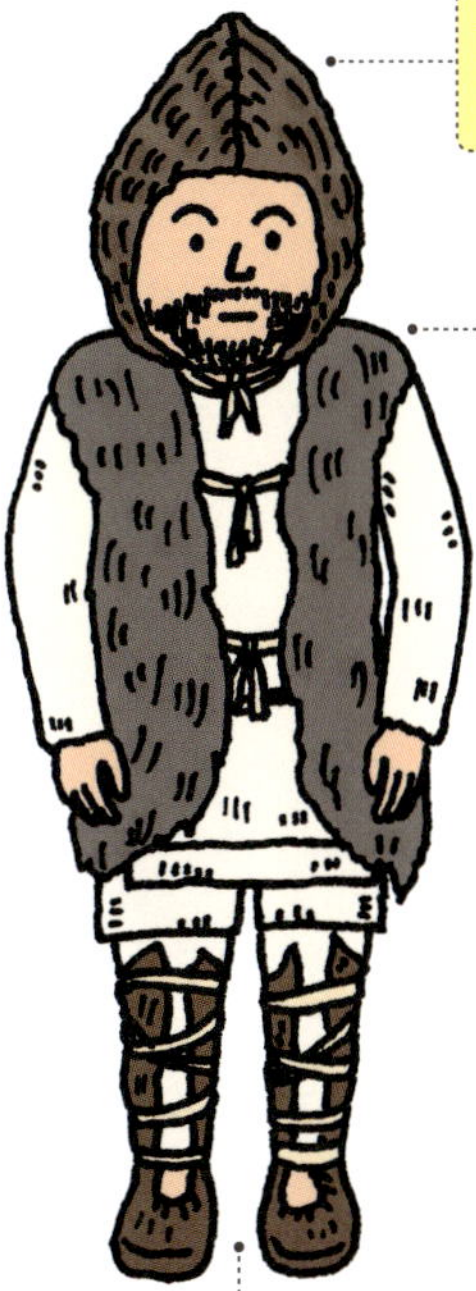

鮭《さけ》の皮《かわ》や動物《どうぶつ》の一枚革《いちまいがわ》でできたシューズ

【春《はる》から秋《あき》の服装《ふくそう》】

ざっくりと編《あ》まれた編布《あんぎん》で作《つく》る服《ふく》は風通《かぜとお》し抜群《ばつぐん》の蒸《む》れ知《し》らず刺繍《ししゅう》がされていることも

植物《しょくぶつ》や樹皮《じゅひ》の繊維《せんい》を糸《いと》にして編《あ》んだ布《ぬの》「編布《あんぎん》」が作《つく》られていました。シカの角《つの》や鳥《とり》の骨《ほね》で作《つく》られた針《はり》と植物《しょくぶつ》の糸《いと》で編布《あんぎん》を縫《ぬ》い合《あ》わせ、簡単《かんたん》な服《ふく》を作《つく》って着《き》ていたとされます。寒《さむ》さが厳《きび》しい冬《ふゆ》には、シカやウサギなどの動物《どうぶつ》の毛皮《けがわ》で防寒《ぼうかん》していたと考《かんが》えられます。

変化《へんか》していく遮光器土偶《しゃこうきどぐう》

主《おも》に東北地方《とうほくちほう》で遮光器土偶《しゃこうきどぐう》が作《つく》られ始《はじ》め、関東《かんとう》まで影響《えいきょう》を与《あた》えました。その後《あと》、遮光器土偶《しゃこうきどぐう》が様々《さまざま》に変化《へんか》して(P138～139)、髪《かみ》を結《ゆ》った土偶《どぐう》や、身体中《からだじゅう》に点《てん》で模様《もよう》を入《い》れた土偶《どぐう》、顔《かお》に入《い》れ墨《ずみ》を入《い》れたような土偶《どぐう》へと変《か》わっていきました。西日本《にしにほん》でも後期以降限定《こうきいこうげんてい》された地域《ちいき》で大量《たいりょう》に土偶《どぐう》が作《つく》られました。

遮光器土偶《しゃこうきどぐう》

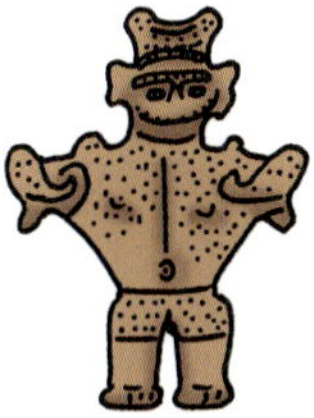

刺突文土偶《しとつもんどぐう》

身体中《からだじゅう》を点《てん》で装飾《そうしょく》した土偶《どぐう》も登場《とうじょう》しました。

壺《つぼ》

台付浅鉢《だいつきあさばち》

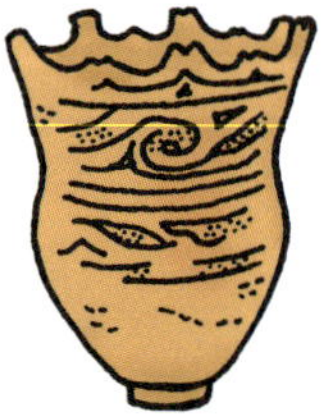

深鉢《ふかばち》

漆塗注口土器《うるしぬりちゅうこうどき》

籃胎漆器《らんたいしっき》

芸術品《げいじゅつひん》のような土器《どき》

東日本《ひがしにほん》では、より土器《どき》の種類《しゅるい》が増《ふ》えていきます。精緻《せいち》な模様《もよう》をほどこしたり漆《うるし》を塗《ぬ》られた土器《どき》が作《つく》られます。亀《かめ》ケ岡式土器《がおかしきどき》※が代表例《だいひょうれい》です。逆《ぎゃく》に西日本《にしにほん》では種類《しゅるい》が減少《げんしょう》し、表面《ひょうめん》を磨《みが》いた黒色磨研《こくしょくまけん》土器《どき》が広《ひろ》がります。

※亀ケ岡遺跡《かめがおかいせき》（青森県《あおもりけん》つがる市《し》）にちなみ名《な》づけられた東北地方《とうほくちほう》を中心《ちゅうしん》とする縄文時代晩期《じょうもんじだいばんき》の土器《どき》の総称《そうしょう》。

縄文時代《じょうもんじだい》の終《お》わり

遮光器土偶《しゃこうきどぐう》や薄手《うすで》で美《うつく》しい亀ケ岡式土器《かめがおかしきどき》が作《つく》られたのと同《おな》じころ、北部九州《ほくぶきゅうしゅう》では大陸《たいりく》からの渡来《とらい》の人々《ひとびと》によって、水田稲作《すいでんいなさく》が始《はじ》まりました。つまり縄文時代《じょうもんじだい》の終《お》わりごろには、日本列島《にっぽんれっとう》の東《ひがし》と西《にし》では違《ちが》う文化《ぶんか》がともに存在《そんざい》していた可能性《かのうせい》があるのです。そして稲作《いなさく》は、元々北部九州《もともとほくぶきゅうしゅう》に暮《く》らしていた縄文人《じょうもんじん》たちにも次第《しだい》に受《う》け入《い》れられ、弥生《やよい》時代《じだい》に入《い》り、数百年《すうひゃくねん》をかけて沖縄《おきなわ》、北海道《ほっかいどう》を除《のぞ》いた日本列島《にっぽんれっとう》に行《い》き渡《わた》っていきました。

イネ

縄文時代《じょうもんじだい》の終《お》わりの時期《じき》については、諸説《しょせつ》あります。

交易《こうえき》について

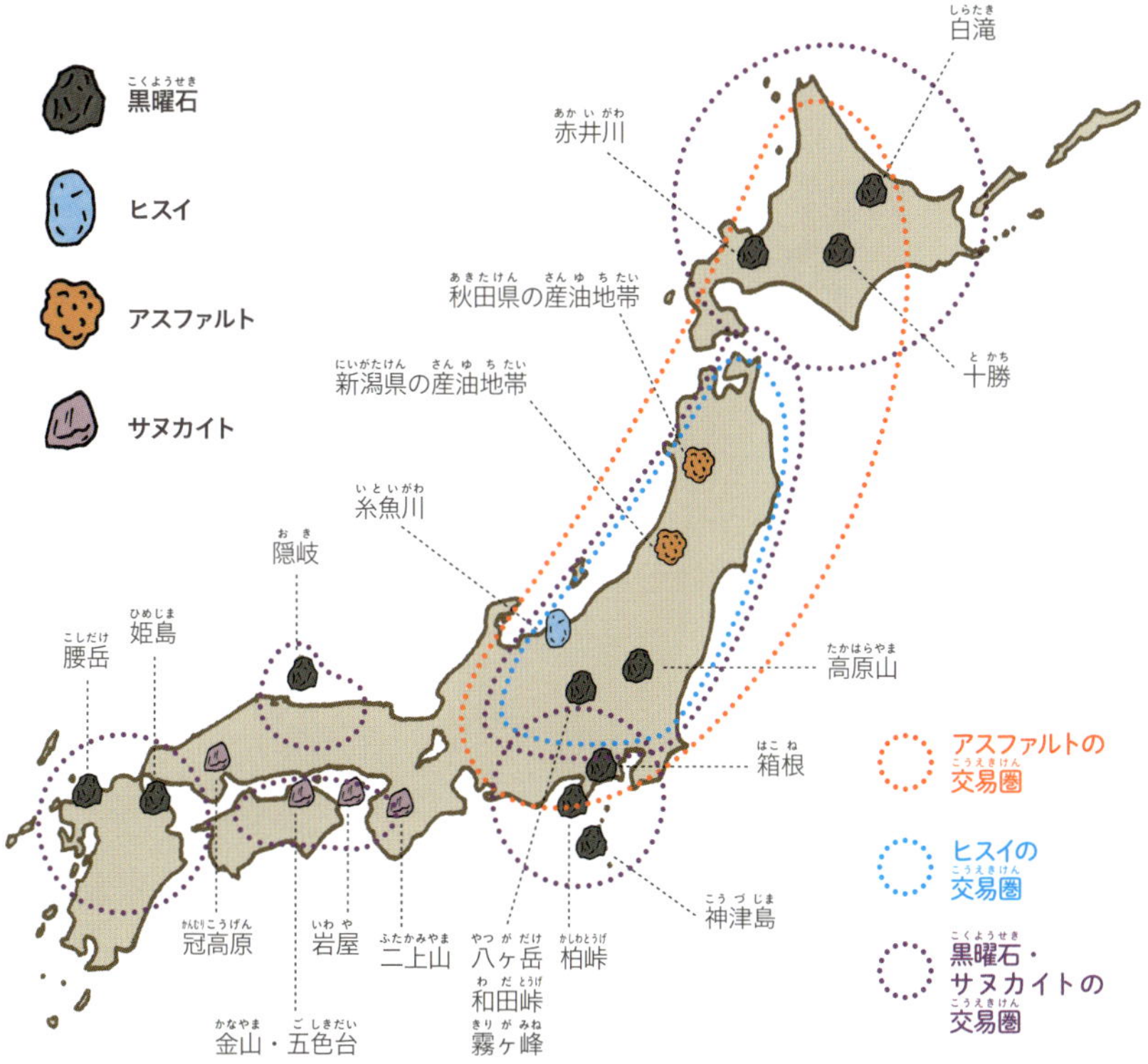

発掘調査《はっくつちょうさ》を行《おこな》うと、ヒスイの産地《さんち》ではないのに遺跡《いせき》から美《うつく》しいヒスイが見《み》つかることがあります。これは、産地《さんち》である新潟県《にいがたけん》の糸魚川《いといがわ》を出発《しゅっぱつ》したヒスイが、人《ひと》の手《て》によって、陸路《りくろ》、もしくは海路《かいろ》で運《はこ》ばれたことを意味《いみ》しています。

ヒスイだけではありません。接着剤《せっちゃくざい》として使《つか》われた天然《てんねん》のアスファルト、石鏃《せきぞく》や包丁《ほうちょう》の代《か》わりに使用《しよう》した黒曜《こくよう》石《せき》やサヌカイトなどの貴重《きちょう》な石《いし》は、成分《せいぶん》を分析《ぶんせき》することによって産地《さんち》が特定《とくてい》され、地域間《ちいきかん》の交流《こうりゅう》を知《し》る大切《たいせつ》な情報《じょうほう》となっています。

ふだんの暮《く》らしに必要《ひつよう》なものは、身《み》の回《まわ》りから調達《ちょうたつ》して手作《てづく》りしましたが、儀礼《ぎれい》で使用《しよう》するものや、その他《ほか》どうしても手《て》に入《い》れたい貴重《きちょう》な品《しな》は、様々《さまざま》な方法《ほうほう》で入手《にゅうしゅ》するネットワークができあがっていたようです。

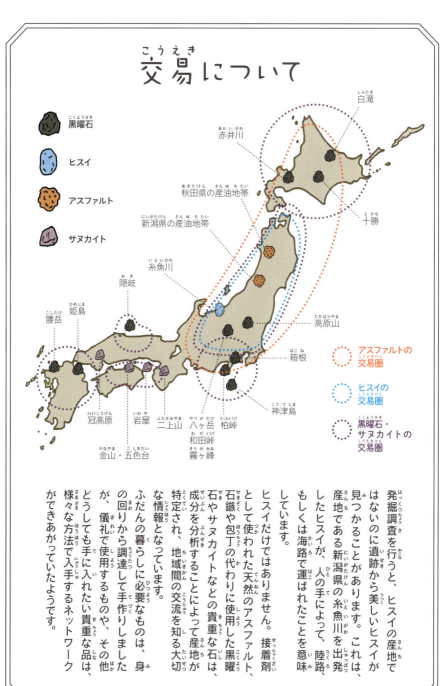

図《ず》解《かい》まんが 1

ご先祖様《せんぞさま》がいっぱい⁉ 私《わたし》たちの中《なか》の縄文人《じょうもんじん》を探《さが》せ！

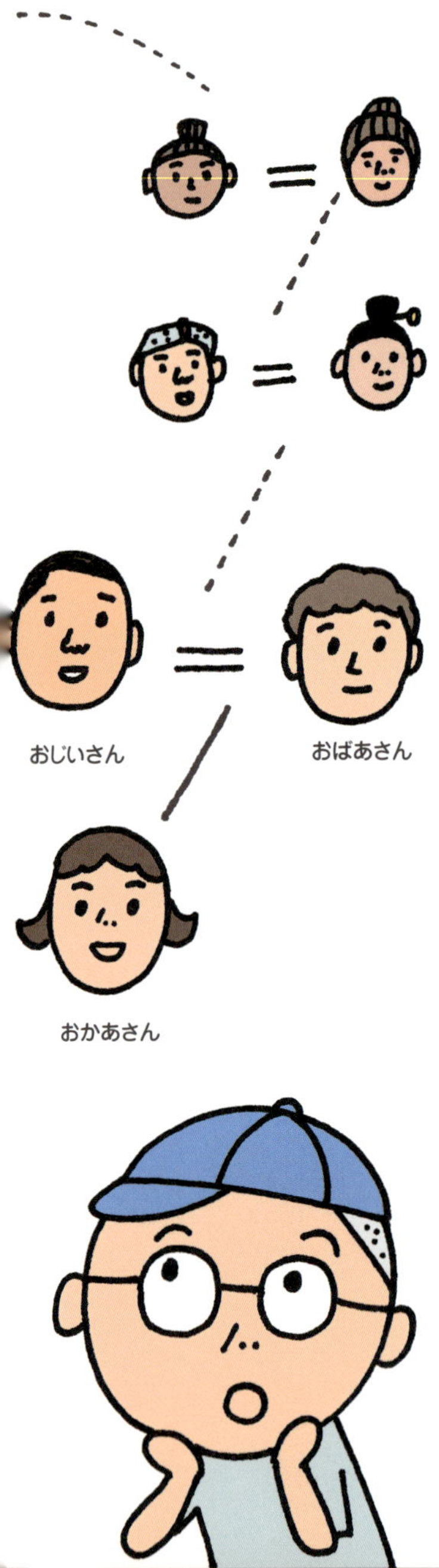

分子《ぶんし》人類《じんるい》学者《がくしゃ》
篠田《しのだ》謙一《けんいち》先生《せんせい》

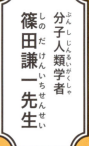

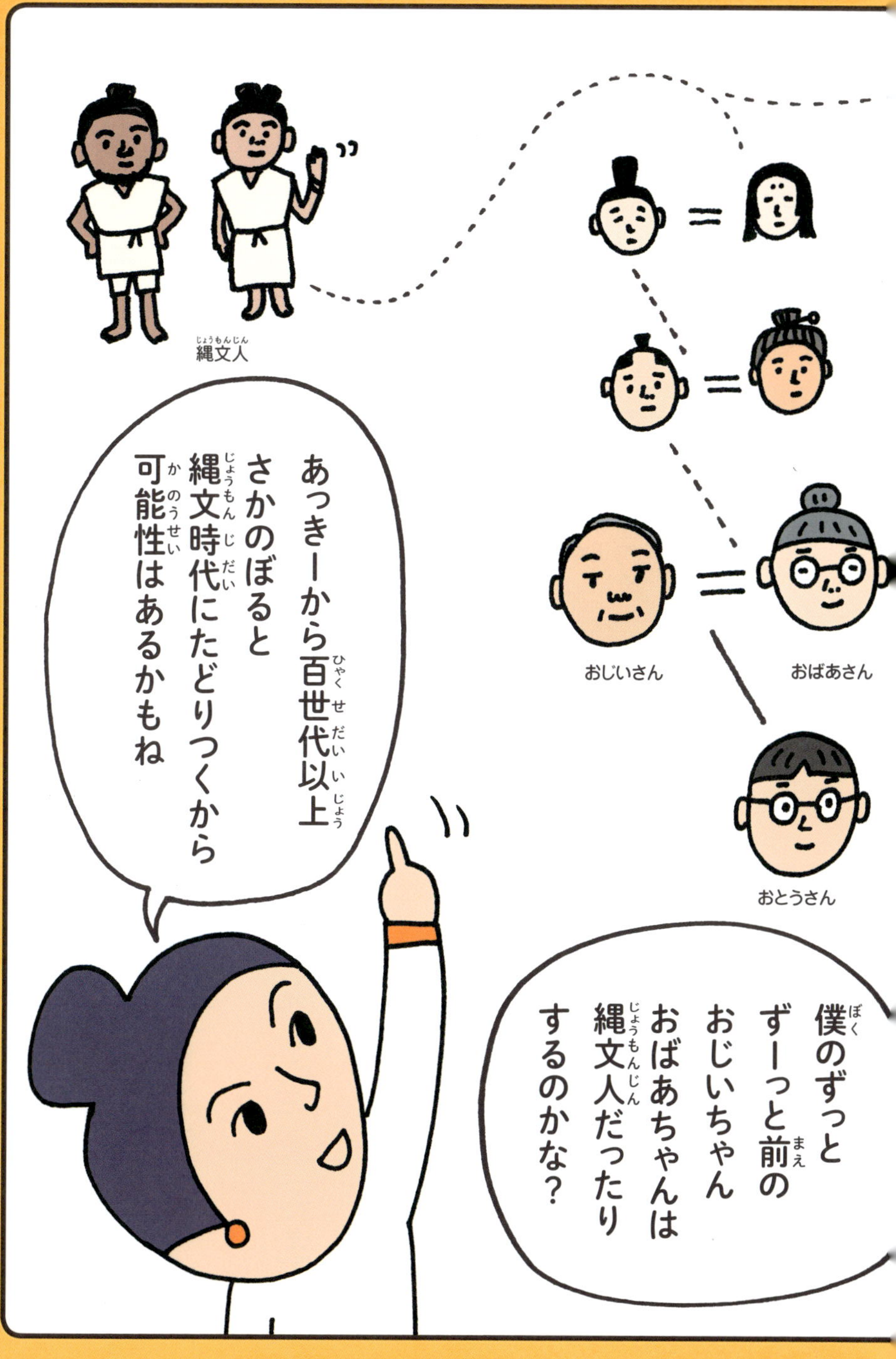
縄文人《じょうもんじん》
おじいさん
おばあさん
おとうさん
僕《ぼく》のずっと ずーっと前《まえ》の おじいちゃん おばあちゃんは 縄文人《じょうもんじん》だったり するのかな？
あっきーから百《ひゃく》世《せ》代《だい》以《い》上《じょう》 さかのぼると 縄文《じょうもん》時《じ》代《だい》にたどりつくから 可《か》能《のう》性《せい》はあるかもね

昨日《きのう》ニュースを見《み》てたら今《いま》の日本人《にっぽんじん》には縄文人《じょうもんじん》の血《ち》が流《なが》れているって言《い》ってたよ
僕《ぼく》も縄文人《じょうもんじん》ってこと？
それはちょっと違《ちが》うよ
あっきーは日本人《にほんじん》だよ縄文人《じょうもんじん》というのは今《いま》からおよそ1万《まん》5000年前《ねんまえ》から3000年前《ねんまえ》に日本列島《にっぽんれっとう》に暮《く》らした人《ひと》たちのことをいうの
じゃあニュースは間違《まちが》い？
間違《まちが》いじゃないよ血《ち》ではなくて正《ただ》しくはDNA《ディーエヌエー》っていうのDNA《ディーエヌエー》は人間《にんげん》の設計図《せっけいず》なんだよ

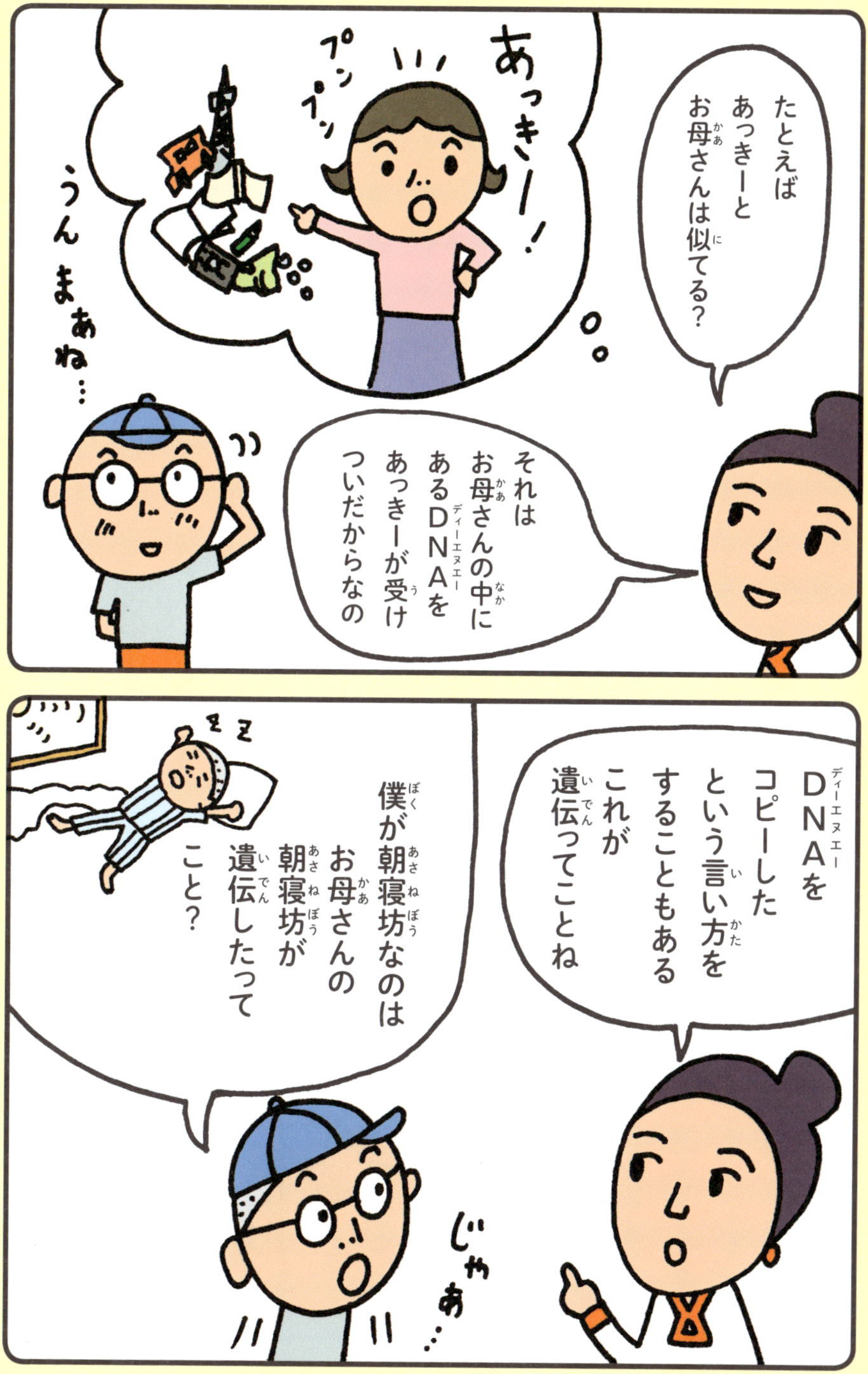
たとえばあっきーとお母《かあ》さんは似《に》てる?
あっきー!
プンプン
うんまあね…
それはお母《かあ》さんの中《なか》にあるDNA《ディーエヌエー》をあっきーが受《う》けついだからなの
DNA《ディーエヌエー》をコピーしたという言《い》い方《かた》をすることもあるこれが遺伝《いでん》ってことね
じゃあ…
僕《ぼく》が朝寝坊《あさねぼう》なのはお母《かあ》さんの朝寝坊《あさねぼう》が遺伝《いでん》したってこと?

あはは
それはどうかな
じゃあ あっきーの中《なか》にどれくらい縄文人《じょうもんじん》のDNA《ディーエヌエー》があるのか研究《けんきゅう》している先生《せんせい》のところに調《しら》べに行《い》ってみない？
行《い》く行《い》くー

国立《こくりつ》科《か》学《がく》博物館《はくぶつかん》
筑波《つくば》研究《けんきゅう》施設《しせつ》
あれっ？
開《ひら》かない
先生《せんせい》はここで待《ま》つように言《い》ってたから

こんにちは！
いやー お待《ま》たせ しちゃったね
ピピッ
中《なか》にあるのは 大切《たいせつ》な資料《しりょう》ばかりだからね 専門《せんもん》が違《ちが》うと 私《わたし》でもその研究室《けんきゅうしつ》の中《なか》には 入《はい》れないぐらい厳重《げんじゅう》なんだよ
簡単《かんたん》には 入《はい》れないん ですね
あっきーは自分《じぶん》と 縄文人《じょうもんじん》の関係《かんけい》が 知《し》りたいんだって？
はい！
それと…… 僕《ぼく》が寝坊《ねぼう》するのは お母《かあ》さんからの 遺伝《いでん》かってことも

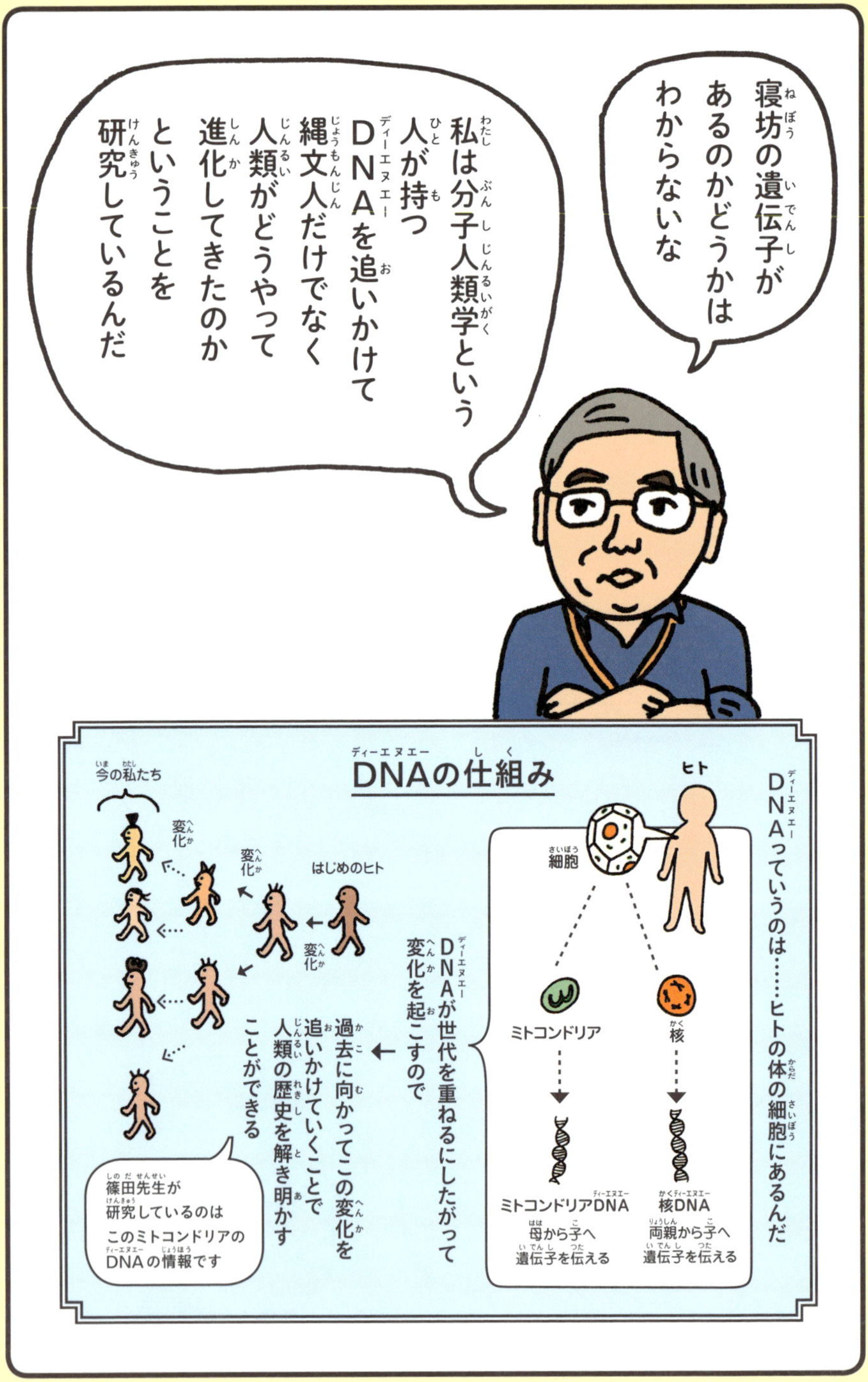
寝坊《ねぼう》の遺伝子《いでんし》が あるのかどうかは わからないな
私《わたし》は分子人類学《ぶんしじんるいがく》という 人《ひと》が持《も》つ DNA《ディーエヌエー》を追《お》いかけて 縄文人《じょうもんじん》だけでなく 人類《じんるい》がどうやって 進化《しんか》してきたのか ということを 研究《けんきゅう》しているんだ
DNA《ディーエヌエー》の仕組《しく》み
DNA《ディーエヌエー》っていうのは……ヒトの体《からだ》の細胞《さいぼう》にあるんだ
ヒト
細胞《さいぼう》
ミトコンドリア
核《かく》
ミトコンドリアDNA《ディーエヌエー》
母《はは》から子《こ》へ 遺伝子《いでんし》を伝《つた》える
核《かく》DNA《ディーエヌエー》
両親《りょうしん》から子《こ》へ 遺伝子《いでんし》を伝《つた》える
DNA《ディーエヌエー》が世代を重ねるにしたがって 変化《へんか》を起《お》こすので
過去《かこ》に向《む》かってこの変化《へんか》を 追《お》いかけていくことで 人類《じんるい》の歴史《れきし》を解《と》き明《あ》かす ことができる
はじめのヒト
変化《へんか》
変化《へんか》
変化《へんか》
今《いま》の私《わたし》たち
篠田先生《しのだせんせい》が 研究《けんきゅう》しているのは このミトコンドリアの DNA《ディーエヌエー》の情報《じょうほう》です

人類学《じんるいがく》というのは元々《もともと》は化石《かせき》の研究《けんきゅう》から始《はじ》まっているんだよ
化石《かせき》？恐竜《きょうりゅう》とかそういうやつ？
ひゃー
恐竜《きょうりゅう》だけじゃなく動物《どうぶつ》や葉《は》っぱの化石《かせき》もあれば昆虫《こんちゅう》が閉《と》じ込《こ》められた化石《かせき》もあるんだよ なかには恐竜《きょうりゅう》のうんこの化石《かせき》だってあるのよ

じゃあ先生《せんせい》は縄文人《じょうもんじん》の化石《かせき》を調《しら》べているの？
ちょっと違《ちが》うかな
以前《いぜん》は骨《ほね》そのものを調《しら》べたりしていたけれど……
研究《けんきゅう》の方法《ほうほう》は進歩《しんぽ》しているんだ

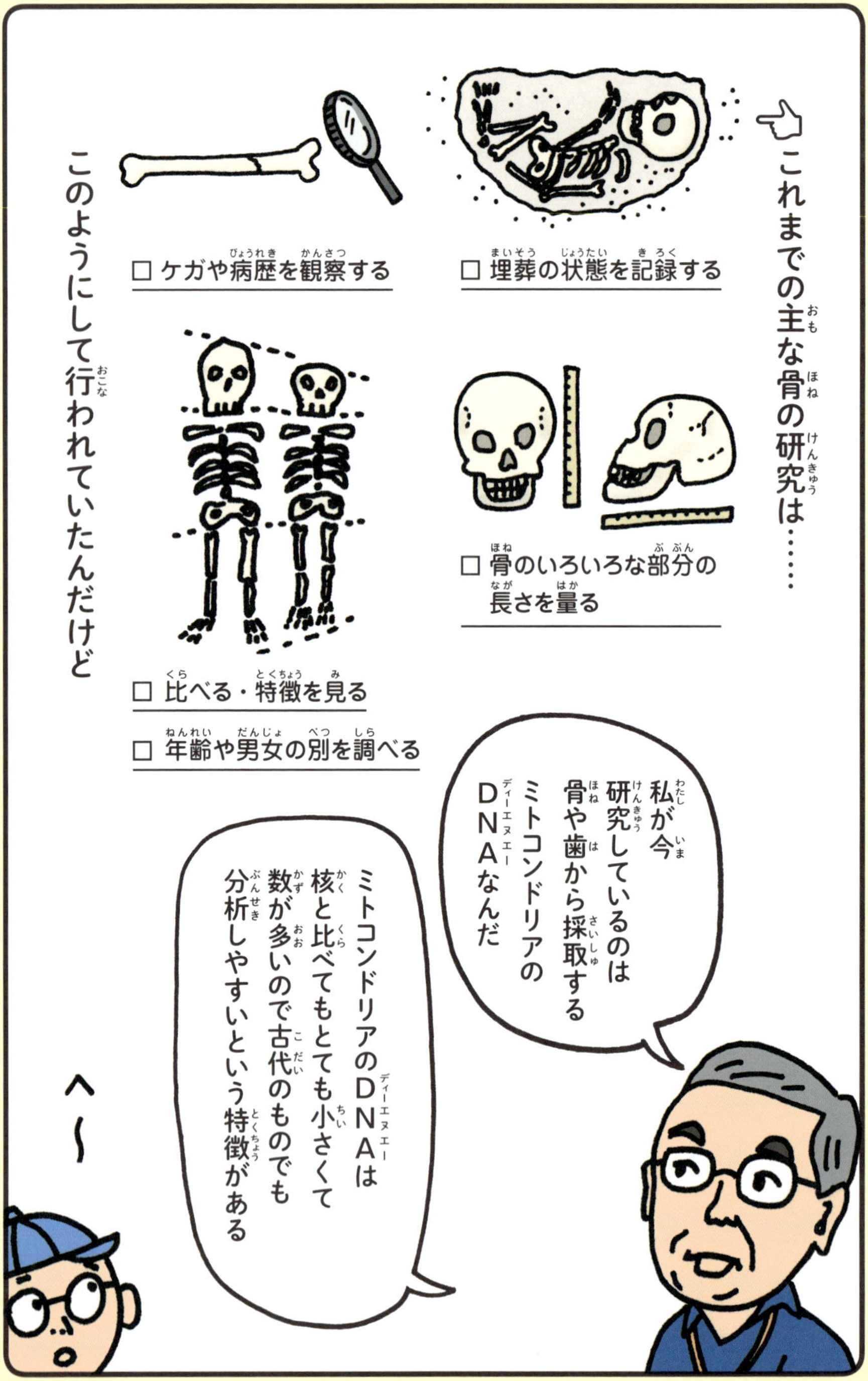

これまでの主《おも》な骨《ほね》の研究《けんきゅう》は……
□ 埋葬《まいそう》の状態《じょうたい》を記録《きろく》する
□ ケガや病歴《びょうれき》を観察《かんさつ》する
□ 骨《ほね》のいろいろな部分《ぶぶん》の長《なが》さを量《はか》る
□ 比《くら》べる・特徴《とくちょう》を見《み》る
□ 年齢《ねんれい》や男女《だんじょ》の別《べつ》を調《しら》べる
このようにして行《おこな》われていたんだけど
私《わたし》が今《いま》研究《けんきゅう》しているのは骨《ほね》や歯《は》から採取《さいしゅ》するミトコンドリアのDNA《ディーエヌエー》なんだ
ミトコンドリアのDNA《ディーエヌエー》は核《かく》と比《くら》べてもとても小《ちい》さくて数《かず》が多《おお》いので古代《こだい》のものでも分析《ぶんせき》しやすいという特徴《とくちょう》がある
へ〜

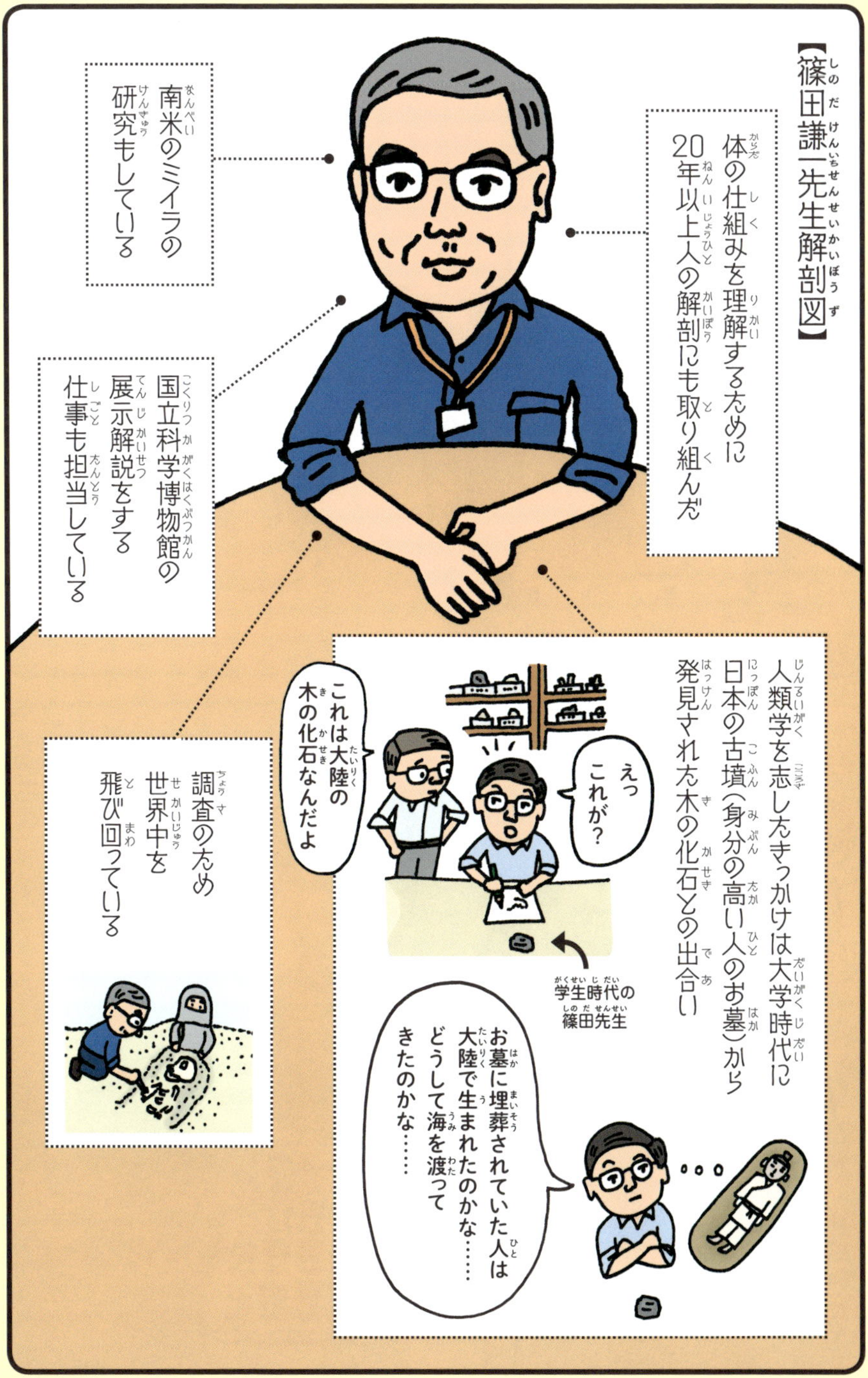
【篠田謙一《しのだけんいち》先生解剖図《せんせいかいぼうず》】
体《からだ》の仕組《しく》みを理解《りかい》するために
20年以上人《ねんいじょうひと》の解剖《かいぼう》にも取《と》り組《く》んだ
南米《なんべい》のミイラの
研究《けんきゅう》もしている
国立科学博物館《こくりつかがくはくぶつかん》の
展示解説《てんじかいせつ》をする
仕事《しごと》も担当《たんとう》している
人類学《じんるいがく》を志《こころざ》したきっかけは大学時代《だいがくじだい》に
日本《にっぽん》の古墳《こふん》（身分《みぶん》の高《たか》い人《ひと》のお墓《はか》）から
発見《はっけん》された木《き》の化石《かせき》との出合《であ》い
えっ
これが？
これは大陸《たいりく》の
木《き》の化石《かせき》なんだよ
学生時代《がくせいじだい》の
篠田先生《しのだせんせい》
お墓《はか》に埋葬《まいそう》されていた人《ひと》は
大陸《たいりく》で生《う》まれたのかな……
どうして海《うみ》を渡《わた》って
きたのかな……
調査《ちょうさ》のため
世界中《せかいじゅう》を
飛《と》び回《まわ》っている

3人《にん》は研究室《けんきゅうしつ》の中《なか》へ……
これを見《み》てごらん
人《ひと》の奥歯《おくば》だよ
真《ま》ん中《なか》で切《き》って
削《けず》りだして粉《こな》にする
？
これを特殊《とくしゅ》な溶液《ようえき》につけて
DNA《ディーエヌエー》だけになるように
いらない物質《ぶっしつ》を取《と》り除《のぞ》くんだ
へーっ
どのくらいの量《りょう》が
必要《ひつよう》なんですか？

およそ0・2gだね
DNA《ディーエヌエー》を取《と》り出《だ》して分析装置《ぶんせきそうち》に入《い》れて結果《けっか》が出《で》るまでにだいたい1か月《げつ》ぐらいかかるんだ それを10個体《こたい》から20個体同時《こたいどうじ》に行《おこな》うんだよ
こういう研究《けんきゅう》にむいているのはどういう人《ひと》ですか?
うわー どれがどれだかわからなくなっちゃいそう
人類
段取《だんど》りよくてきぱきとスピーディーに実験《じっけん》をくり返《かえ》すことができる人《ひと》かな
手先《てさき》が器用《きよう》というのも大切《たいせつ》だけれど粘《ねば》り強《づよ》いっていうことも欠《か》かせない地道《じみち》な準備《じゅんび》が大切《たいせつ》なんだよ
そして取《と》り出《だ》したDNA《ディーエヌエー》をこの機械《きかい》にかけて情報《じょうほう》を読《よ》み取《と》るんだ
じゃあ 次《つぎ》は骨《ほね》を見《み》に行《い》こう

大《おお》きな部屋《へや》に入《はい》ると
わーっ
なんかこの部屋《へや》ひやっとする
どういった骨《ほね》がここに集《あつ》められているんですか？
国内《こくない》の人骨《じんこつ》がおよそ2万体分《まんたいぶん》保管《ほかん》されている
頭骨《とうこつ》が行儀《ぎょうぎ》よく並《なら》んでるよ～
骨《ほね》の保管室《ほかんしつ》［収蔵庫《しゅうぞうこ》］
遺跡《いせき》から見《み》つかった骨《ほね》は発掘調査報告書《はっくつちょうさほうこくしょ》に載《の》せる決《き》まりがあってそのために調査《ちょうさ》の依頼《いらい》を受《う》けたものが多《おお》いかな

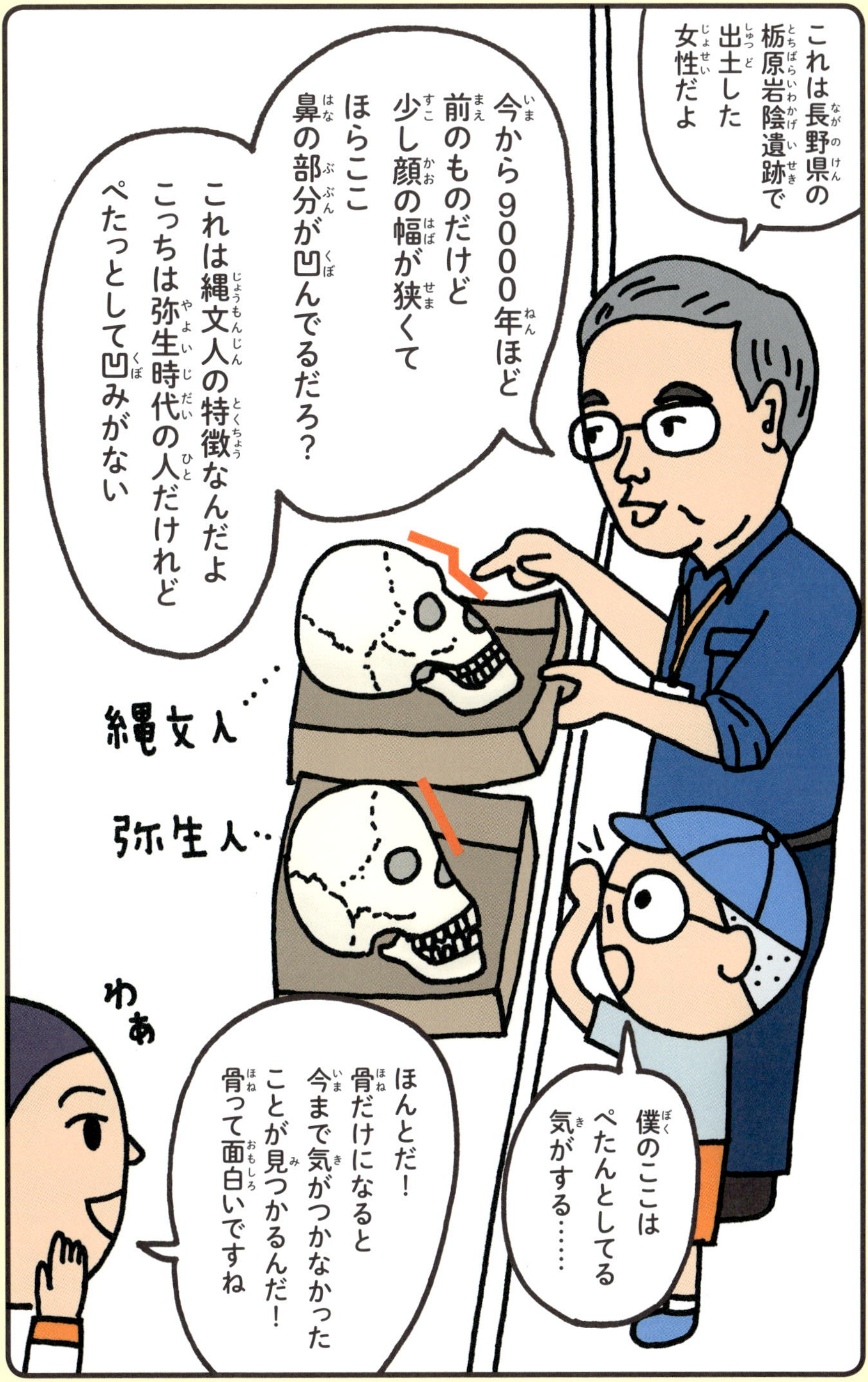
これは長野県《ながのけん》の栃原岩陰遺跡《とちばらいわかげいせき》で出土《しゅつど》した女性《じょせい》だよ
今《いま》から9000年《ねん》ほど前《まえ》のものだけど少《すこ》し顔《かお》の幅《はば》が狭《せま》くて ほらここ 鼻《はな》の部分《ぶぶん》が凹《くぼ》んでるだろ？
これは縄文人《じょうもんじん》の特徴《とくちょう》なんだよ こっちは弥生時代《やよいじだい》の人《ひと》だけれど ぺたっとして凹《くぼ》みがない
縄文人……
弥生人‥
わあ
僕《ぼく》のここはぺたんとしてる気《き》がする……
ほんとだ！ 骨《ほね》だけになると今《いま》まで気《き》がつかなかったことが見《み》つかるんだ！ 骨《ほね》って面白《おもしろ》いですね

あっ……ってことは……
もしかして僕《ぼく》は縄文人《じょうもんじん》じゃなくて弥生人《やよいじん》なの？
※水田稲作《すいでんいなさく》の技術《ぎじゅつ》を持《も》ち、海《うみ》を渡《わた》って大陸《たいりく》からやってきた人々《ひとびと》。
私《わたし》は今《いま》の日本人《にほんじん》は大陸《たいりく》からやってきた渡来系弥生人《とらいけいやよいじん》※のDNA《ディーエヌエー》を8割《わり》ほど受《う》け継《つ》いでいると考《かんが》えている
いいところに気《き》がついたね
あっきーが気《き》になっている縄文人《じょうもんじん》のDNA《ディーエヌエー》はどのくらいかと言《い》うと10～20％ほどなんだよ
え？ たったそれだけなの？ もっと多《おお》いかと思《おも》ってた
私《わたし》たちって弥生人《やよいじん》と縄文人《じょうもんじん》のDNA《ディーエヌエー》を両方《りょうほう》持《も》っているってことですか？
えーっ

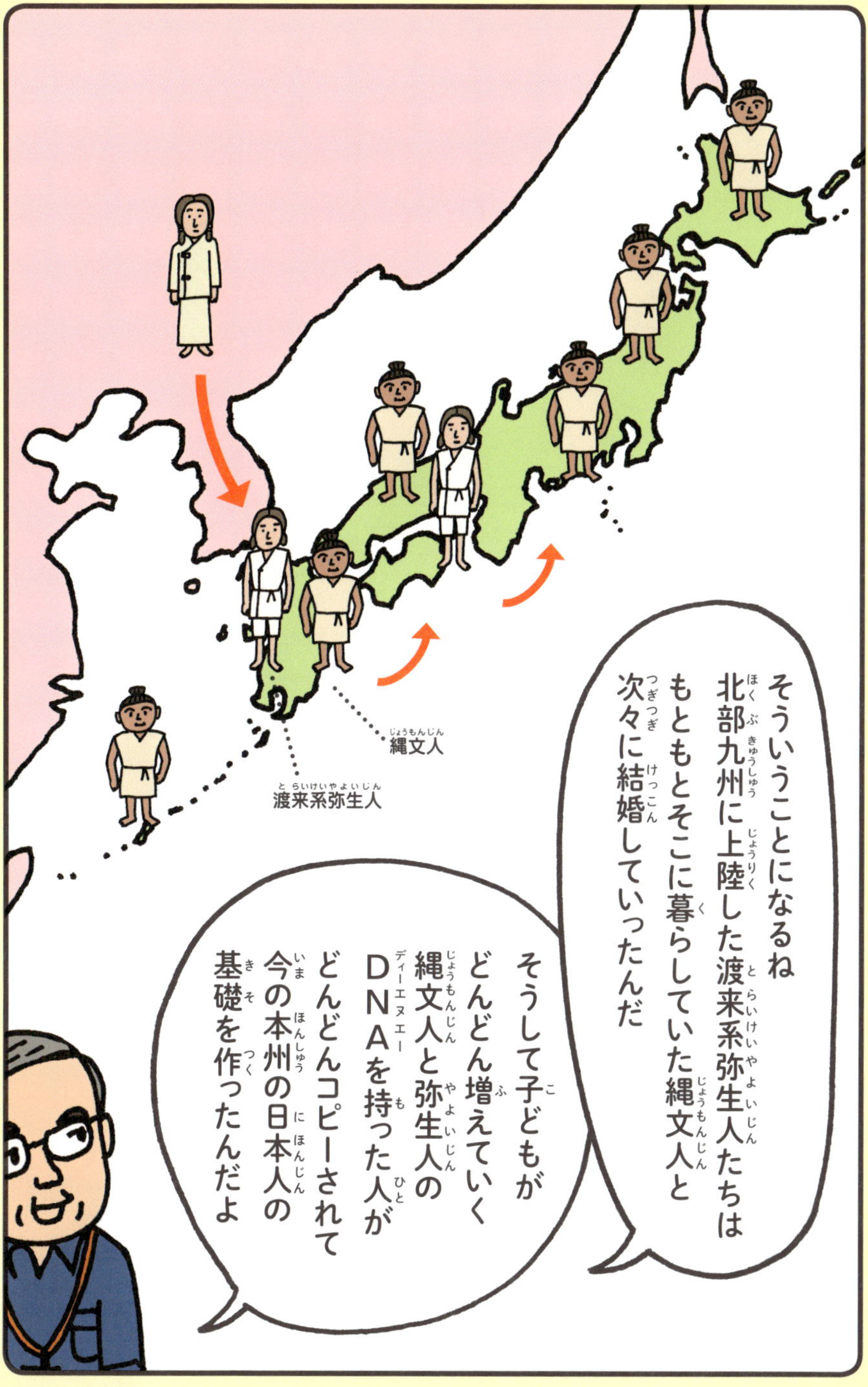

そういうことになるね 北部《ほくぶ》九州《きゅうしゅう》に上陸《じょうりく》した渡来系弥生人《とらいけいやよいじん》たちは もともとそこに暮《く》らしていた縄文人《じょうもんじん》と 次々《つぎつぎ》に結婚《けっこん》していったんだ
そうして子《こ》どもが どんどん増《ふ》えていく 縄文人《じょうもんじん》と弥生人《やよいじん》の DNA《ディーエヌエー》を持《も》った人《ひと》が どんどんコピーされて 今《いま》の本州《ほんしゅう》の日本人《にほんじん》の 基礎《きそ》を作《つく》ったんだよ
縄文人《じょうもんじん》
渡来系弥生人《とらいけいやよいじん》

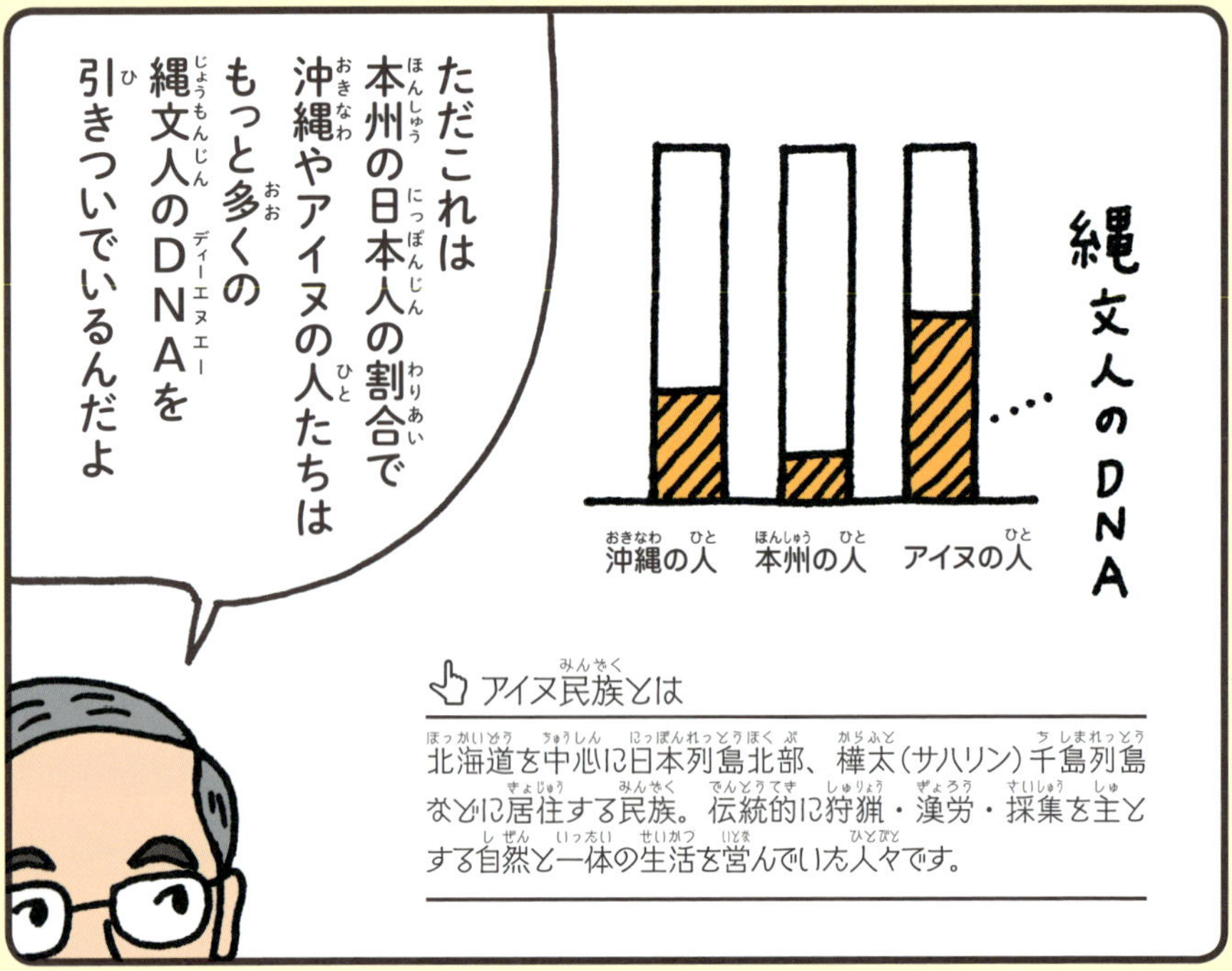
ただこれは
本州《ほんしゅう》の日本人《にっぽんじん》の割合《わりあい》で
沖縄《おきなわ》やアイヌの人《ひと》たちは
もっと多《おお》くの
縄文人《じょうもんじん》のDNA《ディーエヌエー》を
引《ひ》きついでいるんだよ
縄文人のDNA
沖縄《おきなわ》の人《ひと》
本州《ほんしゅう》の人《ひと》
アイヌの人《ひと》
アイヌ民族《みんぞく》とは
北海道《ほっかいどう》を中心《ちゅうしん》に日本列島北部《にっぽんれっとうほくぶ》、樺太《からふと》（サハリン）千島列島《ちしまれっとう》などに居住《きょじゅう》する民族《みんぞく》。伝統的《でんとうてき》に狩猟《しゅりょう》・漁労《ぎょろう》・採集《さいしゅう》を主《しゅ》とする自然《しぜん》と一体《いったい》の生活《せいかつ》を営《いとな》んでいた人々《ひとびと》です。

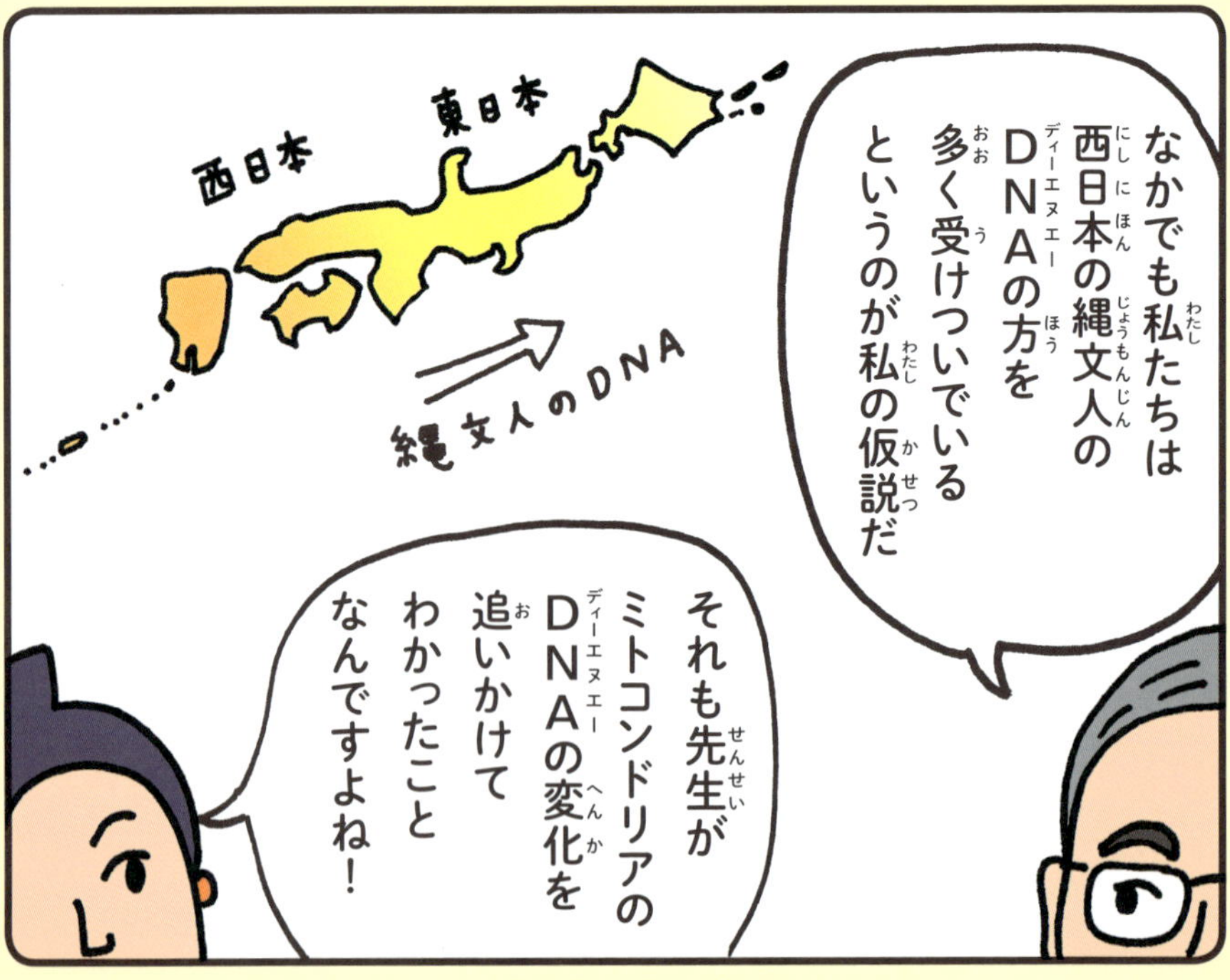
なかでも私《わたし》たちは
西日本《にしにほん》の縄文人《じょうもんじん》の
DNA《ディーエヌエー》の方《ほう》を
多《おお》く受《う》けついでいる
というのが私《わたし》の仮説《かせつ》だ
東日本
西日本
縄文人のDNA
それも先生《せんせい》が
ミトコンドリアの
DNA《ディーエヌエー》の変化《へんか》を
追《お》いかけて
わかったこと
なんですよね！

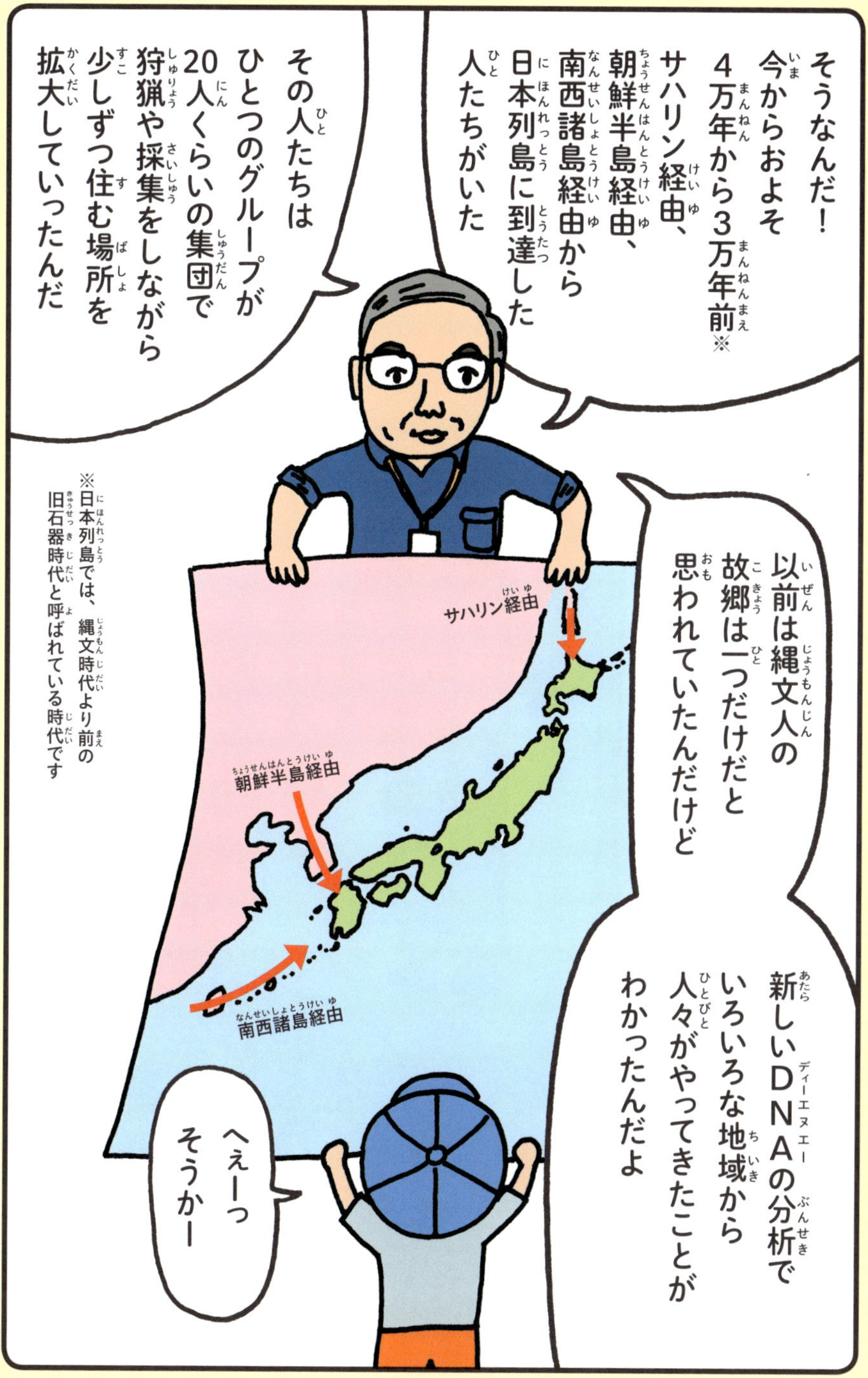
そうなんだ！今《いま》からおよそ4万年《まんねん》から3万年前《まんねんまえ》※サハリン経由《けいゆ》、朝鮮半島経由《ちょうせんはんとうけいゆ》、南西諸島経由《なんせいしょとうけいゆ》から日本列島《にほんれっとう》に到達《とうたつ》した人《ひと》たちがいた
その人《ひと》たちはひとつのグループが20人《にん》くらいの集団《しゅうだん》で狩猟《しゅりょう》や採集《さいしゅう》をしながら少《すこ》しずつ住《す》む場所《ばしょ》を拡大《かくだい》していったんだ
※日本列島《にほんれっとう》では、縄文時代《じょうもんじだい》より前《まえ》の旧石器時代《きゅうせっきじだい》と呼《よ》ばれている時代《じだい》です
サハリン経由《けいゆ》
朝鮮半島経由《ちょうせんはんとうけいゆ》
南西諸島経由《なんせいしょとうけいゆ》
以前《いぜん》は縄文人《じょうもんじん》の故郷《こきょう》は一《ひと》つだけだと思《おも》われていたんだけど
新《あたら》しいDNA《ディーエヌエー》の分析《ぶんせき》でいろいろな地域《ちいき》から人々《ひとびと》がやってきたことがわかったんだよ
へえーっ そうかー

それじゃあ…
その大陸《たいりく》にいた人《ひと》たちはいったいどこからやって来《き》たの?
人類《じんるい》の移動《いどう》の歴史《れきし》はここまでわかってきてるんだよ
これを見てごらん
万3000年前《ねんまえ》
1万《まん》5000年前《ねんまえ》
今《いま》の人間《にんげん》は別名《べつめい》で「現生人類《げんせいじんるい》」=ホモ・サピエンスというんだ およそ20万年前《まんねんまえ》にアフリカで誕生《たんじょう》した
アフリカにはその前《まえ》に「旧人《きゅうじん》」といわれる人《ひと》たちのひとつネアンデルタール人《じん》の祖先《そせん》がいたんだ
700万年前《まんねんまえ》
初期猿人《しょきえんじん》
ゴロゴロ

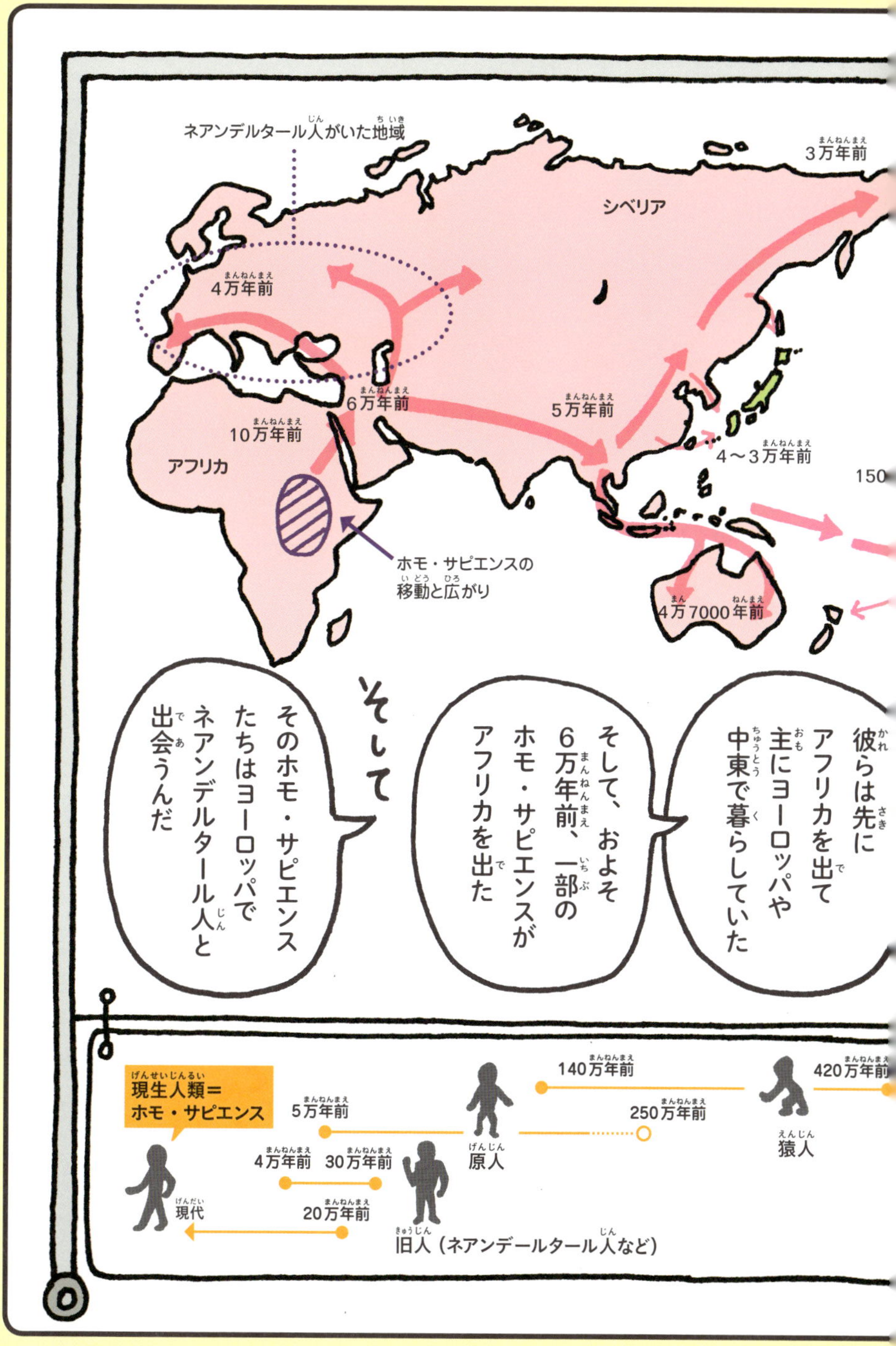
ネアンデルタール人《じん》がいた地域《ちいき》
3万年前《まんねんまえ》
シベリア
4万年前《まんねんまえ》
6万年前《まんねんまえ》
5万年前《まんねんまえ》
10万年前《まんねんまえ》
アフリカ
4～3万年前《まんねんまえ》
150
ホモ・サピエンスの移動《いどう》と広《ひろ》がり
4万《まん》7000年前《ねんまえ》
彼《かれ》らは先《さき》にアフリカを出《で》て主《おも》にヨーロッパや中東《ちゅうとう》で暮《く》らしていた
そして、およそ6万年前《まんねんまえ》、一部《いちぶ》のホモ・サピエンスがアフリカを出《で》た
そして
そのホモ・サピエンスたちはヨーロッパでネアンデルタール人《じん》と出会《であ》うんだ
現生人類《げんせいじんるい》＝ホモ・サピエンス
5万年前《まんねんまえ》
140万年前《まんねんまえ》
420万年前《まんねんまえ》
250万年前《まんねんまえ》
原人《げんじん》
猿人《えんじん》
4万年前《まんねんまえ》
30万年前《まんねんまえ》
現代《げんだい》
20万年前《まんねんまえ》
旧人《きゅうじん》（ネアンデールタール人《じん》など）

わかった！そこで恋《こい》に落《お》ちちゃったんだ
そうなんだ ネアンデルタール人《じん》に限《かぎ》らず ホモ・サピエンスは 各地《かくち》で暮《く》らしていた人《ひと》たちと 結婚《けっこん》しながら東《ひがし》へ東《ひがし》へと 移動《いどう》していったんだよ
ネアンデルタール人《じん》のように今《いま》ではいなくなってしまった人類《じんるい》のDNA《ディーエヌエー》や縄文人《じょうもんじん》のDNA《ディーエヌエー》も私《わたし》たちの体《からだ》にはたしかに残《のこ》されているんだよ
つまり…
何万年《なんまんねん》も前《まえ》から たくさんの人《ひと》がつながって 今《いま》の僕《ぼく》ができあがっている ってことなんだね……

それに…
今《いま》　世界中《せかいじゅう》にいる人《ひと》はみんなアフリカを出《で》て広《ひろ》がった人《ひと》たちなんだね！
DNA《ディーエヌエー》の研究《けんきゅう》ってすごいや！

DNA《ディーエヌエー》の研究《けんきゅう》って人類《じんるい》の未知《みち》の領域解明《りょういきかいめい》への鍵《かぎ》なんですね　そして先生《せんせい》たちの研究《けんきゅう》のおかげで縄文人《じょうもんじん》については解明《かいめい》されたんですね
こんちゃん　それは違《ちが》うよ　縄文人《じょうもんじん》について　わかったことは　まだ　ほんの一部《いちぶ》でしかなくて　研究《けんきゅう》に終《お》わりはないんだ

ひとつ謎《なぞ》が解明《かいめい》されると
また次《つぎ》の謎《なぞ》が生《う》まれる
その繰《く》り返《かえ》しなんだよ
私《わたし》たちが
解明《かいめい》したことを元《もと》に
あっきーみたいな
次《つぎ》の世代《せだい》の
好奇心旺盛《こうきしんおうせい》な人《ひと》が
縄文人《じょうもんじん》について
もっといろんなことを
解《と》き明《あ》かしてほしいな
僕《ぼく》もっと
縄文人《じょうもんじん》について
調《しら》べてみる！
じゃあ縄文時代《じょうもんじだい》について
いろんな研究《けんきゅう》をしている
人《ひと》たちがいるから
会《あ》いに行《い》ってみよう！

No.1

あっきーの研究《けんきゅう》まとめノート

DNA《ディーエヌエー》編《へん》

- ミトコンドリアDNA《ディーエヌエー》を調《しら》べると人類《じんるい》の進化《しんか》がわかる。
- 今《いま》の日本人《にほんじん》には渡来系《とらいけい》弥生人《やよいじん》8割《わり》、縄文人《じょうもんじん》1～2割《わり》のDNA《ディーエヌエー》が残《のこ》っていると考《かんが》えられている。
- 世界中《せかいじゅう》の人《ひと》は皆《みな》、アフリカを出《で》て広《ひろ》がっていった人《ひと》の子孫《しそん》だ!

こんちゃんはこう思《おも》う!

DNA《ディーエヌエー》の研究《けんきゅう》というのは日々進化《ひびしんか》していて、その結果《けっか》、「縄文人《じょうもんじん》のDNA《ディーエヌエー》」といっても1種類《しゅるい》ではないことが判明《はんめい》したというお話《はなし》にビックリ! 研究《けんきゅう》のおかげで、旧人《きゅうじん》であるネアンデルタール人《じん》のDNA《ディーエヌエー》が1～4%残《のこ》っている人《ひと》がいることや、縄《じょう》文人《もんじん》のDNA《ディーエヌエー》が残《のこ》っているなど、姿形《すがたかたち》も見《み》たことがない人々《ひとびと》と、今《いま》を生《い》きる私《わたし》たちがつながっていることにも驚《おどろ》きました。世界中《せかいじゅう》の人《ひと》みんながアフリカから出《で》ていった人々《ひとびと》なのだから、国境《こっきょう》や外見《がいけん》や宗教《しゅうきょう》など、様々《さまざま》な要因《よういん》でケンカしがちだけれど、もっと仲良《なかよ》くできる方法《ほうほう》があるんじゃないかしら。

図《ず》解《かい》まんが

2

骨《ほね》から見《み》えてきた「食《た》べて生《い》き残《のこ》る」縄文人《じょうもんじん》の戦略《せんりゃく》！

先史生態学者《せんしせいたいがくしゃ》
米田《よねだ》 穣先生《みのるせんせい》

あれ？　でもなんでワカメを食《た》べてたってわかるんだっけ……調《しら》べてみよっか
私《わたし》は好《す》きだけど……そういえば縄文人《じょうもんじん》もワカメを食《た》べてたんだって
あっきーったら～

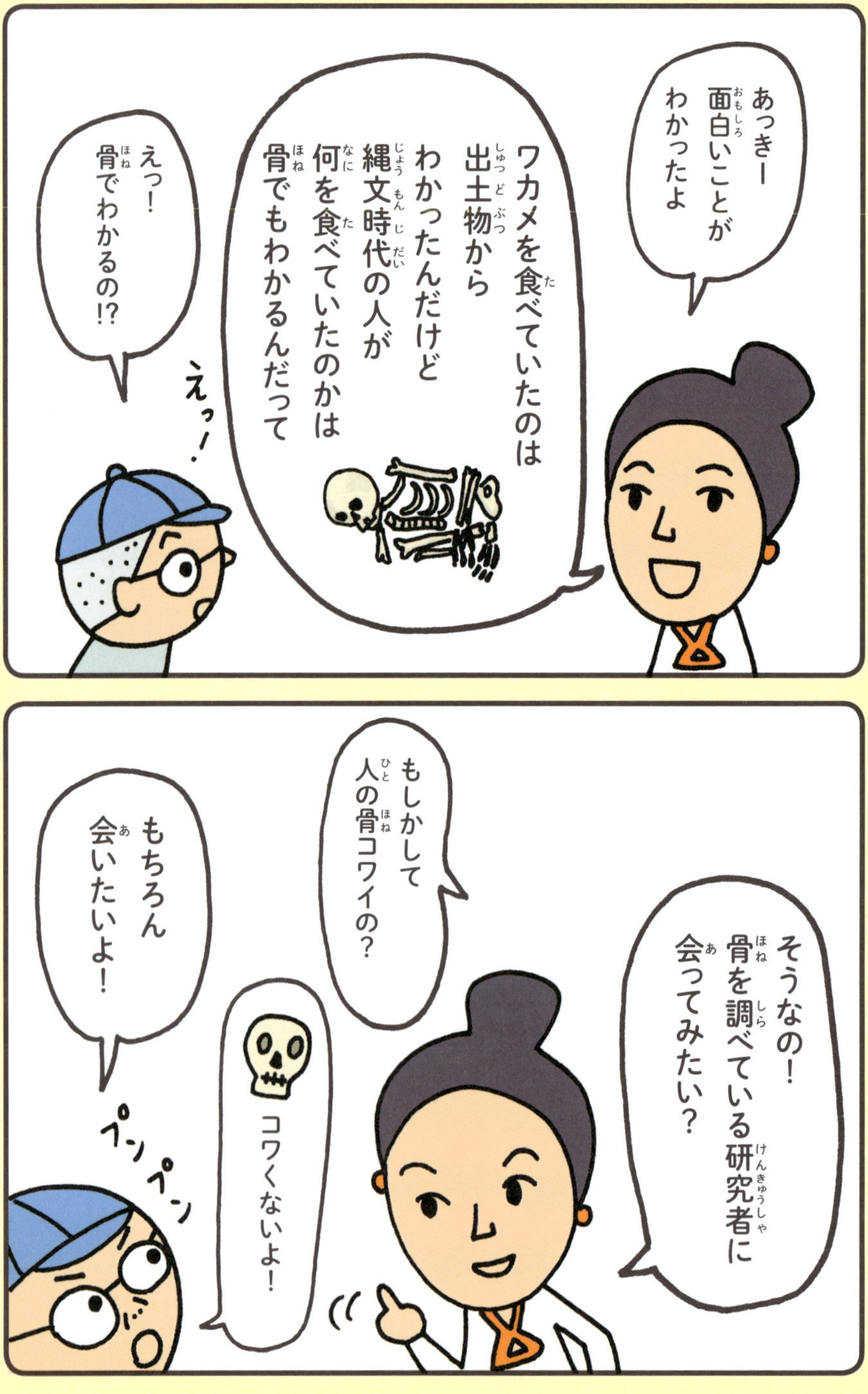
あっきー 面白《おもしろ》いことがわかったよ
ワカメを食《た》べていたのは出土物《しゅつどぶつ》からわかったんだけど縄文時代《じょうもんじだい》の人が何《なに》を食《た》べていたのかは骨《ほね》でもわかるんだって
えっ!

えっ! 骨《ほね》でわかるの!?

そうなの! 骨《ほね》を調《しら》べている研究者《けんきゅうしゃ》に会《あ》ってみたい?

もしかして人《ひと》の骨《ほね》コワイの?

コワくないよ!

もちろん会《あ》いたいよ!

プンプン

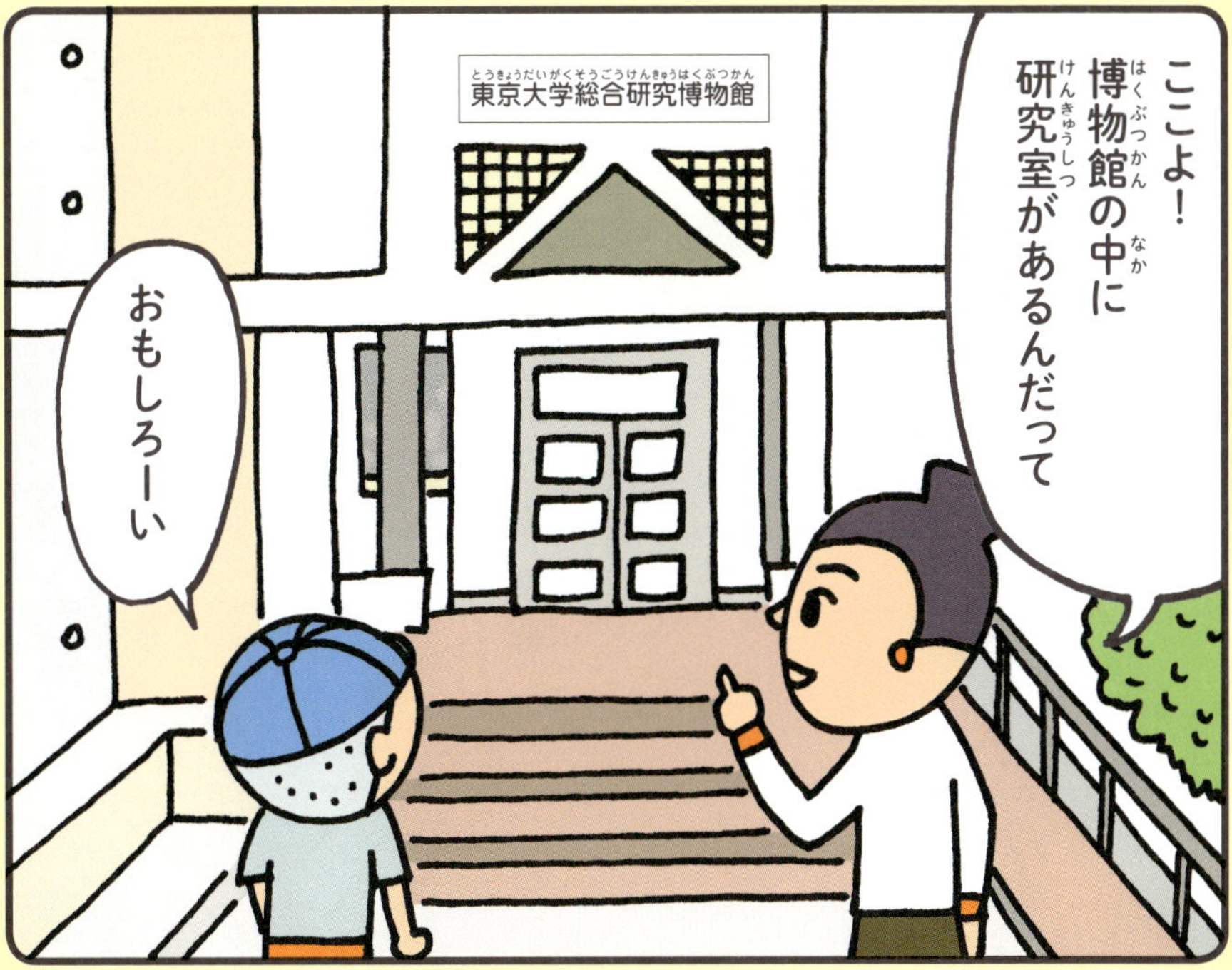

東京大学総合研究博物館《とうきょうだいがくそうごうけんきゅうはくぶつかん》
ここよ！博物館《はくぶつかん》の中《なか》に研究室《けんきゅうしつ》があるんだって
おもしろーい

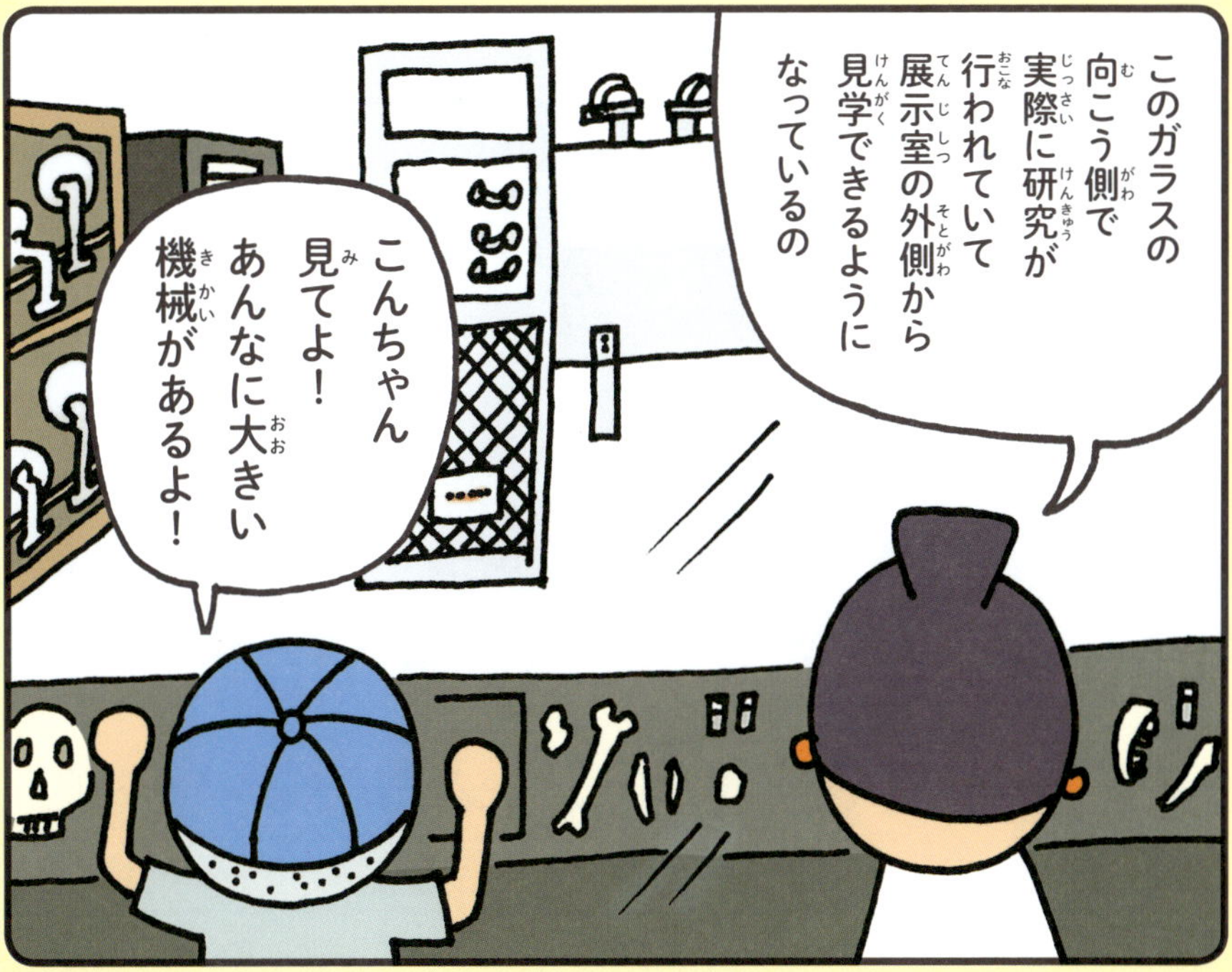

このガラスの向《む》こう側《がわ》で実際《じっさい》に研究《けんきゅう》が行《おこな》われていて展示室《てんじしつ》の外側《そとがわ》から見学《けんがく》できるようになっているの
こんちゃん見《み》てよ！あんなに大《おお》きい機械《きかい》があるよ！

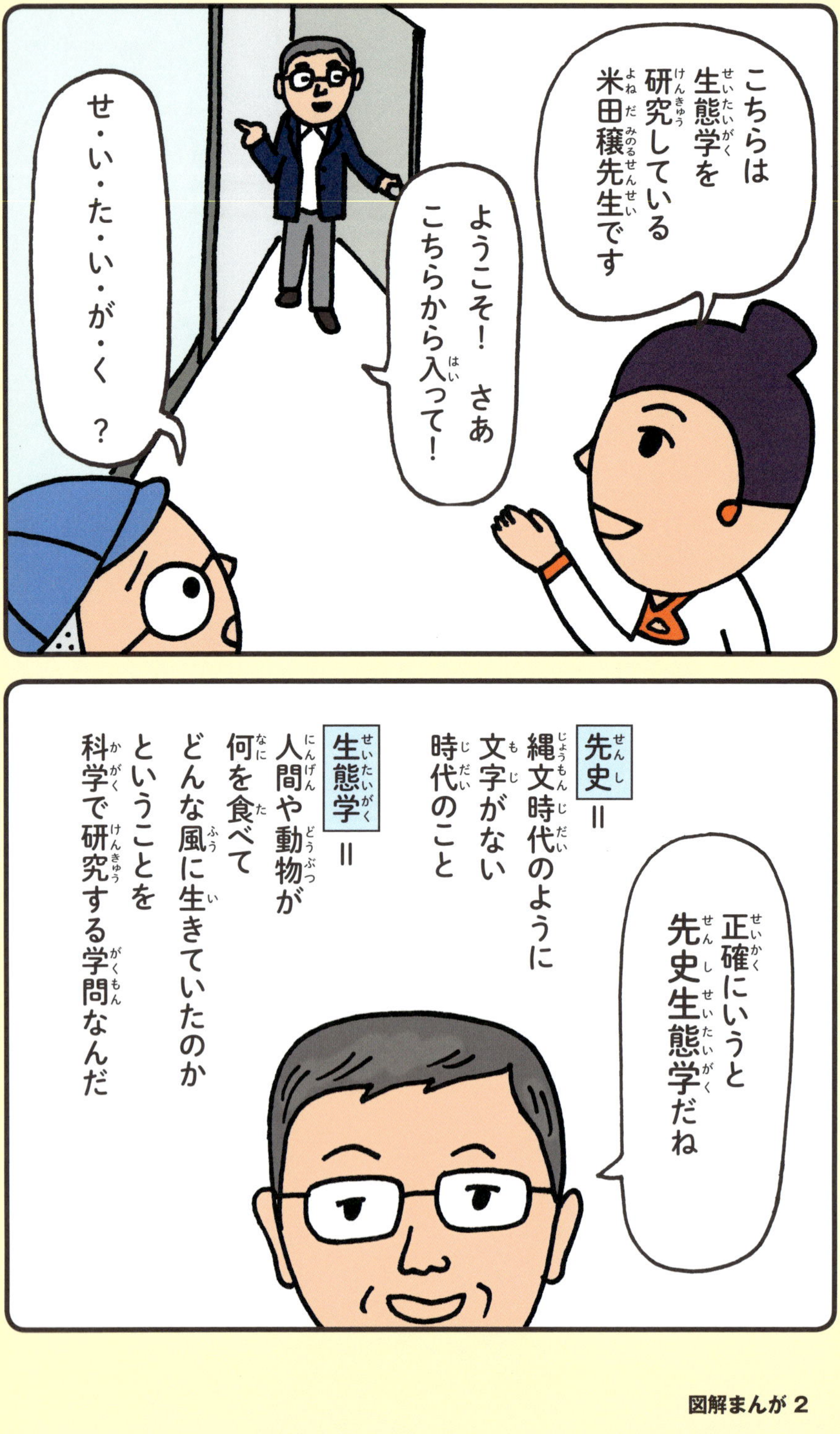

こちらは生態学《せいたいがく》を研究《けんきゅう》している米田《よねだ》穣《みのる》先生《せんせい》です
ようこそ！　さあこちらから入《はい》って！
せ・い・た・い・が・く？
正確《せいかく》にいうと先史《せんし》生態学《せいたいがく》だね
先史《せんし》＝縄文時代《じょうもんじだい》のように文字《もじ》がない時代《じだい》のこと
生態学《せいたいがく》＝人間《にんげん》や動物《どうぶつ》が何《なに》を食《た》べてどんな風《ふう》に生《い》きていたのかということを科学《かがく》で研究《けんきゅう》する学問《がくもん》なんだ

【米田穣先生解剖図《よねだみのるせんせいかいぼうず》】

徳島県生《とくしまけんう》まれ
神奈川県横浜市育《かながわけんよこはましそだ》ち
小学生《しょうがくせい》のときに弟《おとうと》と
畑《はたけ》の隅《すみ》で縄文土器《じょうもんどき》を発見《はっけん》！
中学《ちゅうがく》1年生《ねんせい》で
生物学者《せいぶつがくしゃ》を
志《こころざ》す！
縄文人《じょうもんじん》の骨《ほね》を
分析《ぶんせき》して
生活《せいかつ》の様子《ようす》を
調《しら》べている
地球《ちきゅう》の多様《たよう》な環境《かんきょう》に
適応《てきおう》して生《い》きていける
「ヒト」という生物《せいぶつ》に興味津々《きょうみしんしん》
大学生《だいがくせい》の時《とき》に参加《さんか》した
シリアでの遺跡調査《いせきちょうさ》にハマる
食《た》べ物《もの》を採集《さいしゅう》し
暮《く》らしている
「狩猟採集民《しゅりょうさいしゅうみん》」を
専門《せんもん》に研究《けんきゅう》

「狩猟採集民《しゅりょうさいしゅうみん》」とは

狩猟《しゅりょう》によって動物《どうぶつ》を、採集《さいしゅう》によって植物《しょくぶつ》を
食料《しょくりょう》として手《て》に入《い》れ、生活《せいかつ》する民族《みんぞく》のこと

動物《どうぶつ》についても研究《けんきゅう》するんですか？
そうなんだ
人間《にんげん》と動物《どうぶつ》を比較《ひかく》することも大切《たいせつ》だからね

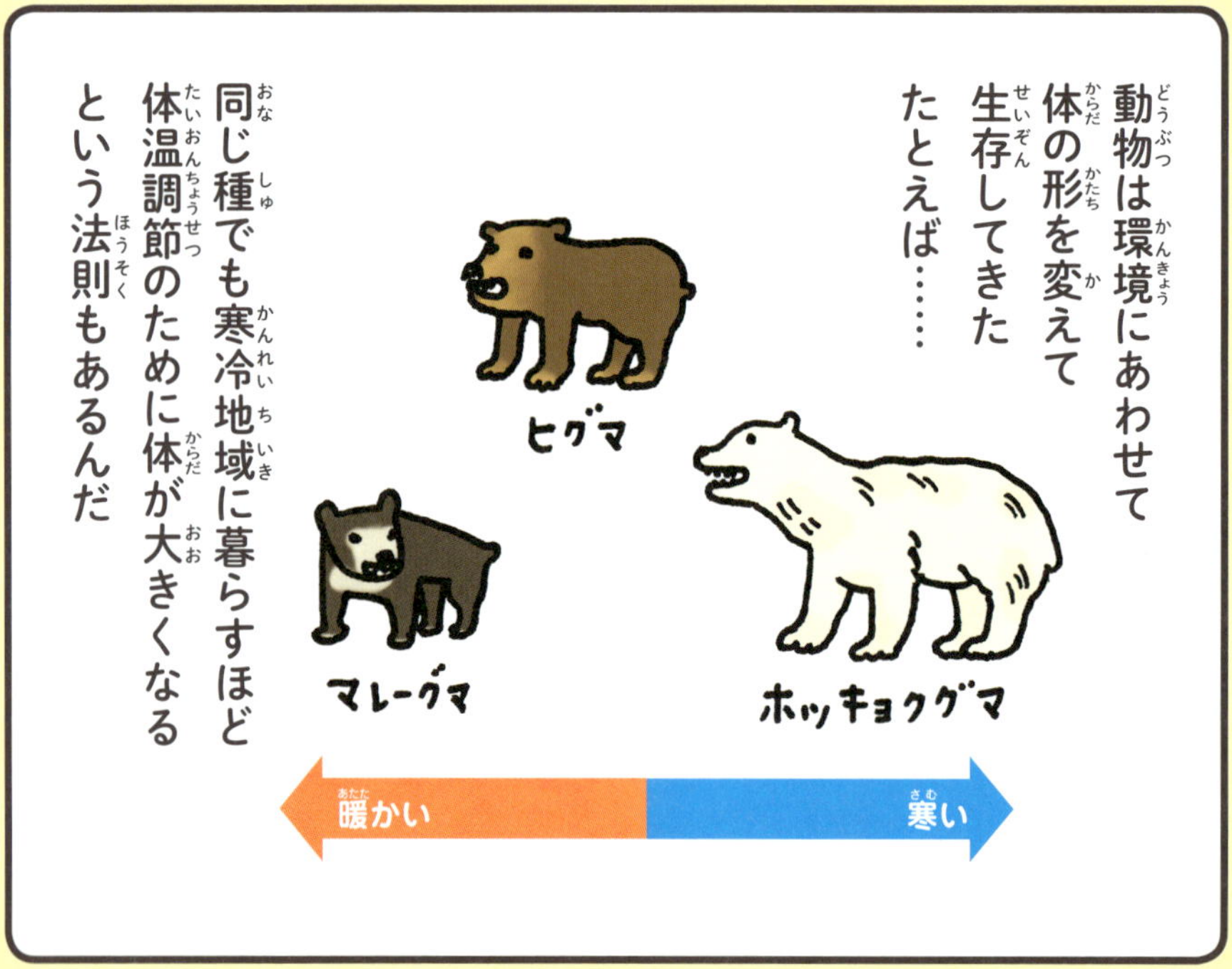
動物《どうぶつ》は環境《かんきょう》にあわせて体《からだ》の形《かたち》を変《か》えて生存《せいぞん》してきたたとえば……
ヒグマ
ホッキョクグマ
マレーグマ
暖《あたた》かい
寒《さむ》い
同《おな》じ種《しゅ》でも寒冷地域《かんれいちいき》に暮らすほど体温調節《たいおんちょうせつ》のために体《からだ》が大《おお》きくなるという法則《ほうそく》もあるんだ

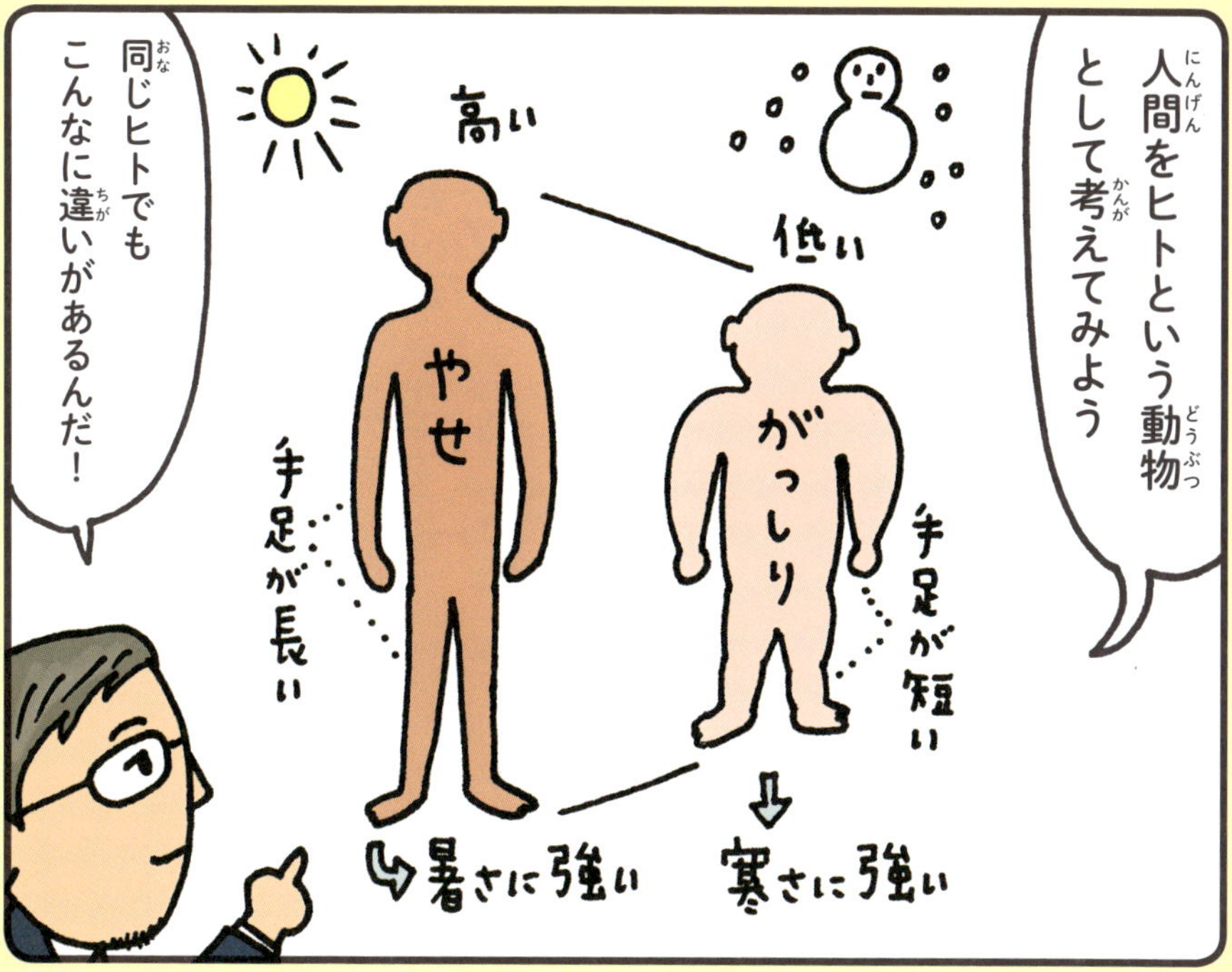
人間《にんげん》をヒトという動物《どうぶつ》として考《かんが》えてみよう
高い
低い
やせ
がっしり
手足が長い
手足が短い
暑さに強い
寒さに強い
同《おな》じヒトでもこんなに違《ちが》いがあるんだ!

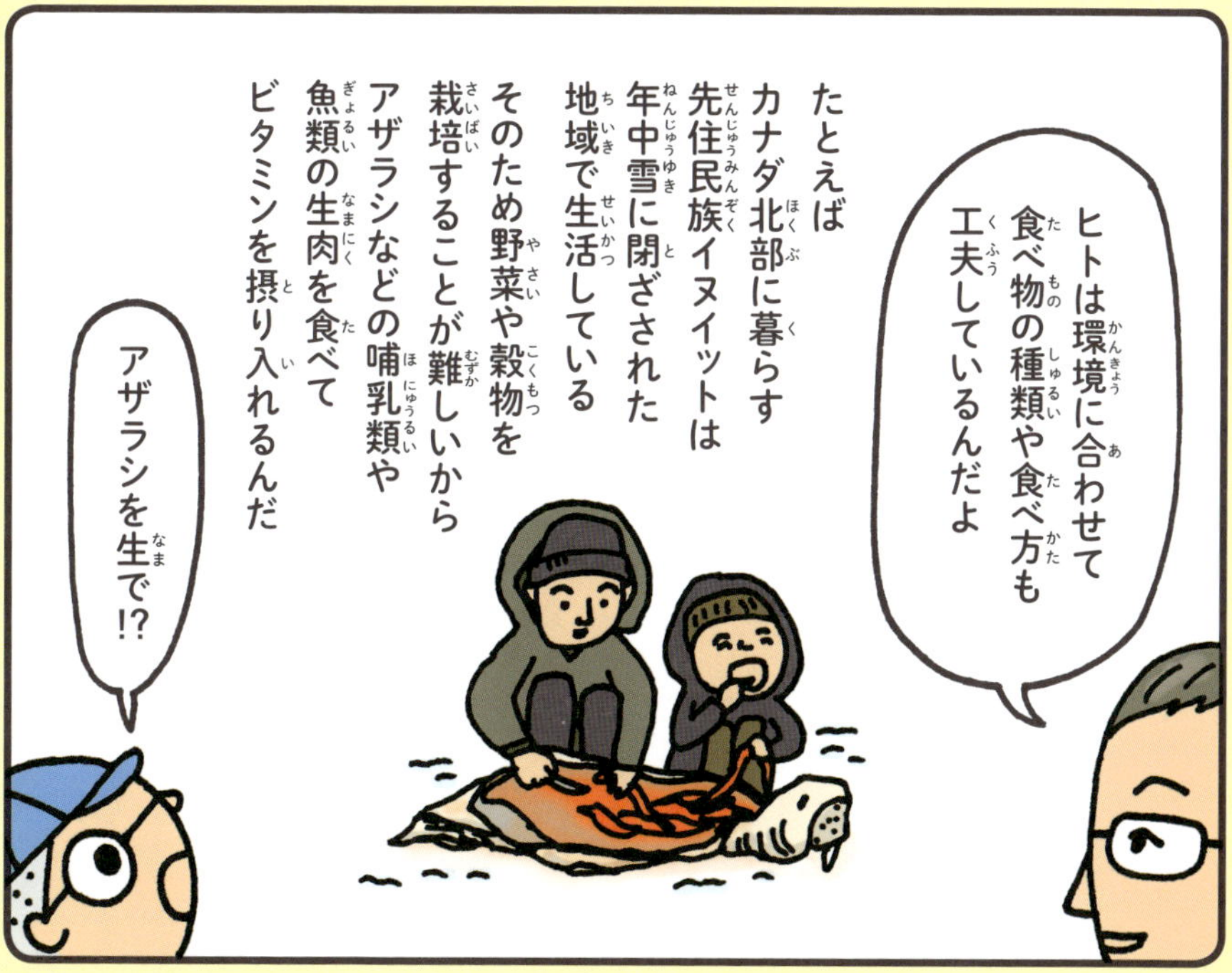
ヒトは環境《かんきょう》に合《あ》わせて食《た》べ物《もの》の種類《しゅるい》や食《た》べ方《かた》も工夫《くふう》しているんだよ
たとえばカナダ北部《ほくぶ》に暮《く》らす先住民族《せんじゅうみんぞく》イヌイットは年中雪《ねんじゅうゆき》に閉《と》ざされた地域《ちいき》で生活《せいかつ》している
そのため野菜《やさい》や穀物《こくもつ》を栽培《さいばい》することが難《むずか》しいから
アザラシなどの哺乳類《ほにゅうるい》や魚類《ぎょるい》の生肉《なまにく》を食《た》べてビタミンを摂《と》り入《い》れるんだ
アザラシを生《なま》で!?

一年中暑《いちねんじゅうあつ》い
メキシコでは
水《みず》が少《すく》なくても育《そだ》つ
トウモロコシを
先史時代《せんしじだい》から育《そだ》てて
食《た》べてたんですよね
僕《ぼく》は
こっちがいいな〜

生《い》きるために
工夫《くふう》して食《た》べる！
そしてよりよい
習慣《しゅうかん》や知恵《ちえ》が
受《う》け継《つ》がれ進化《しんか》していく
それが〝文化《ぶんか》〟なんだ
人間《にんげん》は文化《ぶんか》がないと
生《い》き残《のこ》れないんだ
そこが動物《どうぶつ》と違《ちが》うところだよ
文化《ぶんか》がないと
生《い》き残《のこ》れないかー
なるほど！

そして現代《げんだい》のヒトも縄文時代《じょうもんじだい》のヒトも骨《ほね》を持《も》っているあらゆる生《い》き物《もの》は骨《ほね》を調《しら》べれば何《なに》を食《た》べていたのかわかるんだ
骨＝《イコール》食べもの
食《た》べたものは細胞《さいぼう》になり血《ち》になり骨《ほね》になるからわかるんだよ
えー！僕《ぼく》もそうなの？
もちろんさ人間《にんげん》の骨《ほね》は亡《な》くなるまでの10年間《ねんかん》に食《た》べてきたものでできているんだよ

元素《げんそ》ってなーに?

地球上《ちきゅうじょう》にあるすべてのものは、元素《げんそ》でできています。動物《どうぶつ》も植物《しょくぶつ》も、食器《しょっき》や建物《たてもの》もみんな元《もと》をたどれば、元素《げんそ》から成《な》り立《た》っています。

元素《げんそ》には、それぞれ名前《なまえ》がつけられています※。「酸素《さんそ》」「水素《すいそ》」という言葉《ことば》を見《み》たり聞《き》いたりしたことはありませんか?

※元素《げんそ》には、現在《げんざい》118種類《しゅるい》名前《なまえ》がつけられています。これからも増《ふ》えるかもしれません。

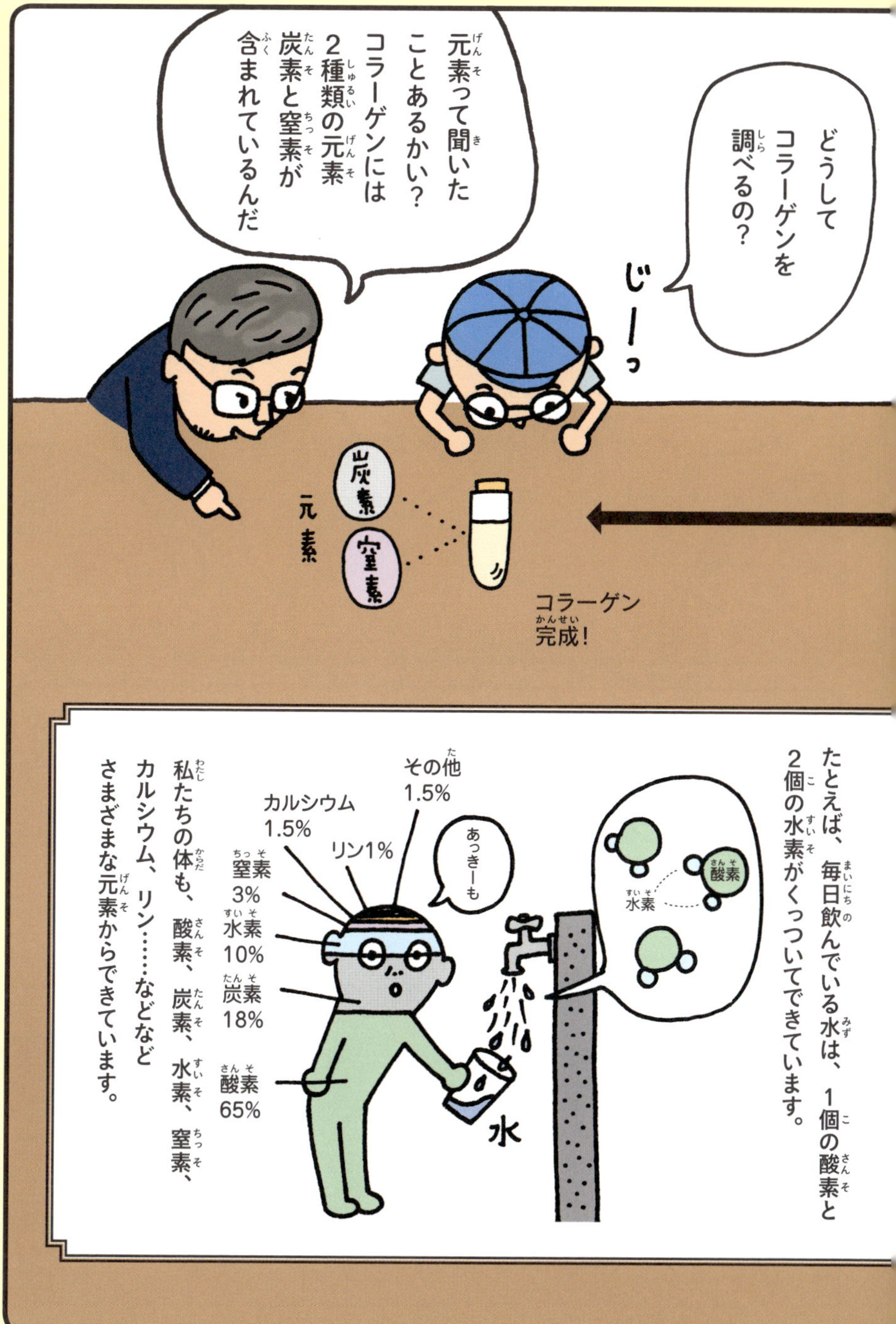
どうして
コラーゲンを
調《しら》べるの？
じーっ
元素《げんそ》って聞《き》いた
ことあるかい？
コラーゲンには
2種類《しゅるい》の元素《げんそ》
炭素《たんそ》と窒素《ちっそ》が
含《ふく》まれているんだ
炭素
窒素
元素
コラーゲン
完成《かんせい》！
たとえば、毎日《まいにち》飲《の》んでいる水《みず》は、1個《こ》の酸素《さんそ》と
2個《こ》の水素《すいそ》がくっついてできています。
酸素《さんそ》
水素《すいそ》
あっきーも
水
その他《た》
1.5%
カルシウム
1.5%
リン1%
窒素《ちっそ》
3%
水素《すいそ》
10%
炭素《たんそ》
18%
酸素《さんそ》
65%
私《わたし》たちの体《からだ》も、酸素《さんそ》、炭素《たんそ》、水素《すいそ》、窒素《ちっそ》、
カルシウム、リン……などなど
さまざまな元素《げんそ》からできています。

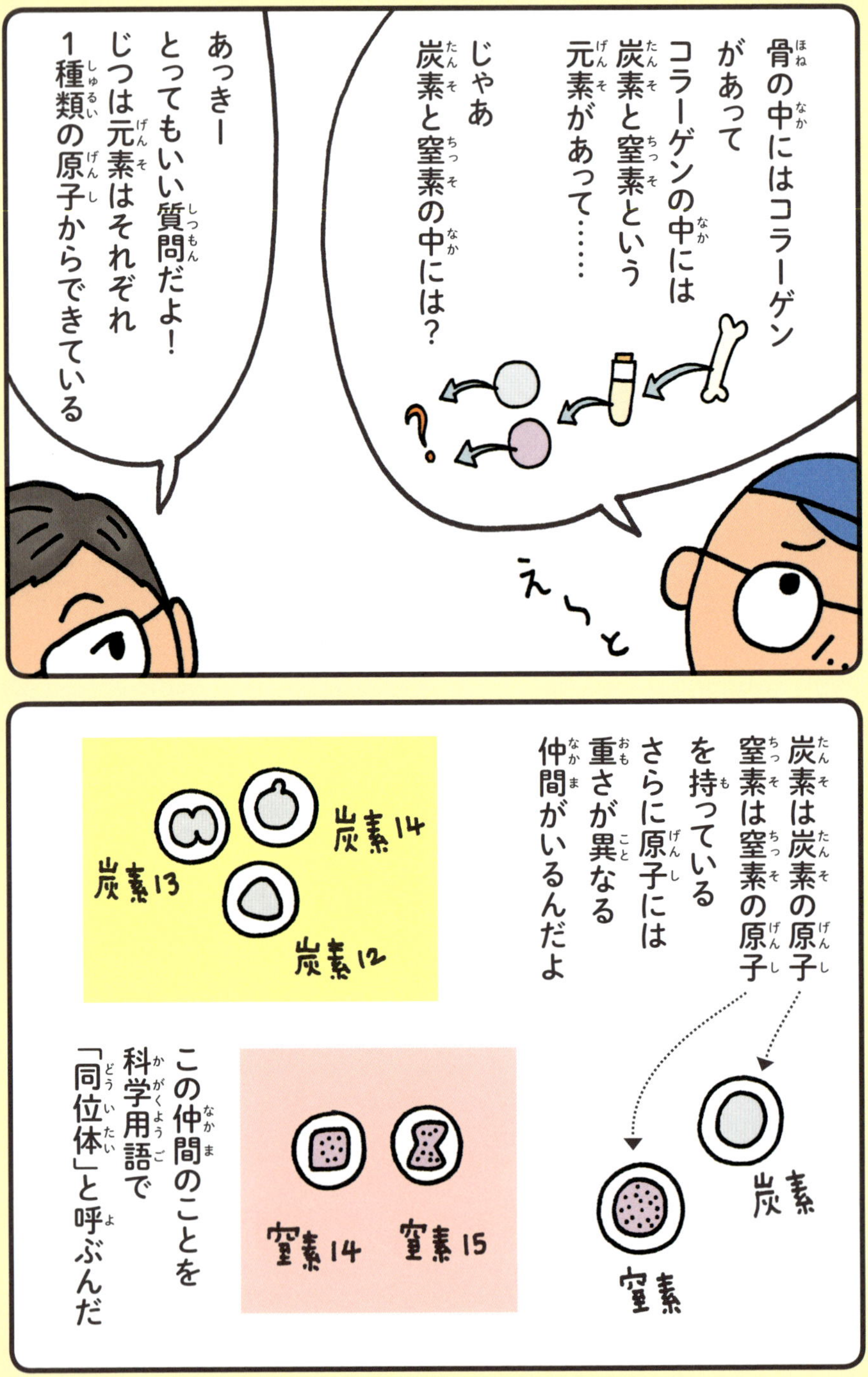
骨《ほね》の中《なか》にはコラーゲン
があって
コラーゲンの中《なか》には
炭素《たんそ》と窒素《ちっそ》という
元素《げんそ》があって……
じゃあ
炭素《たんそ》と窒素《ちっそ》の中《なか》には?
え〜と
あっきー
とってもいい質問《しつもん》だよ!
じつは元素《げんそ》はそれぞれ
1種類《しゅるい》の原子《げんし》からできている
炭素《たんそ》は炭素《たんそ》の原子《げんし》
窒素《ちっそ》は窒素《ちっそ》の原子《げんし》
を持《も》っている
さらに原子《げんし》には
重《おも》さが異《こと》なる
仲間《なかま》がいるんだよ
炭素
窒素
炭素14
炭素13
炭素12
窒素14
窒素15
この仲間《なかま》のことを
科学用語《かがくようご》で
「同位体《どういたい》」と呼《よ》ぶんだ

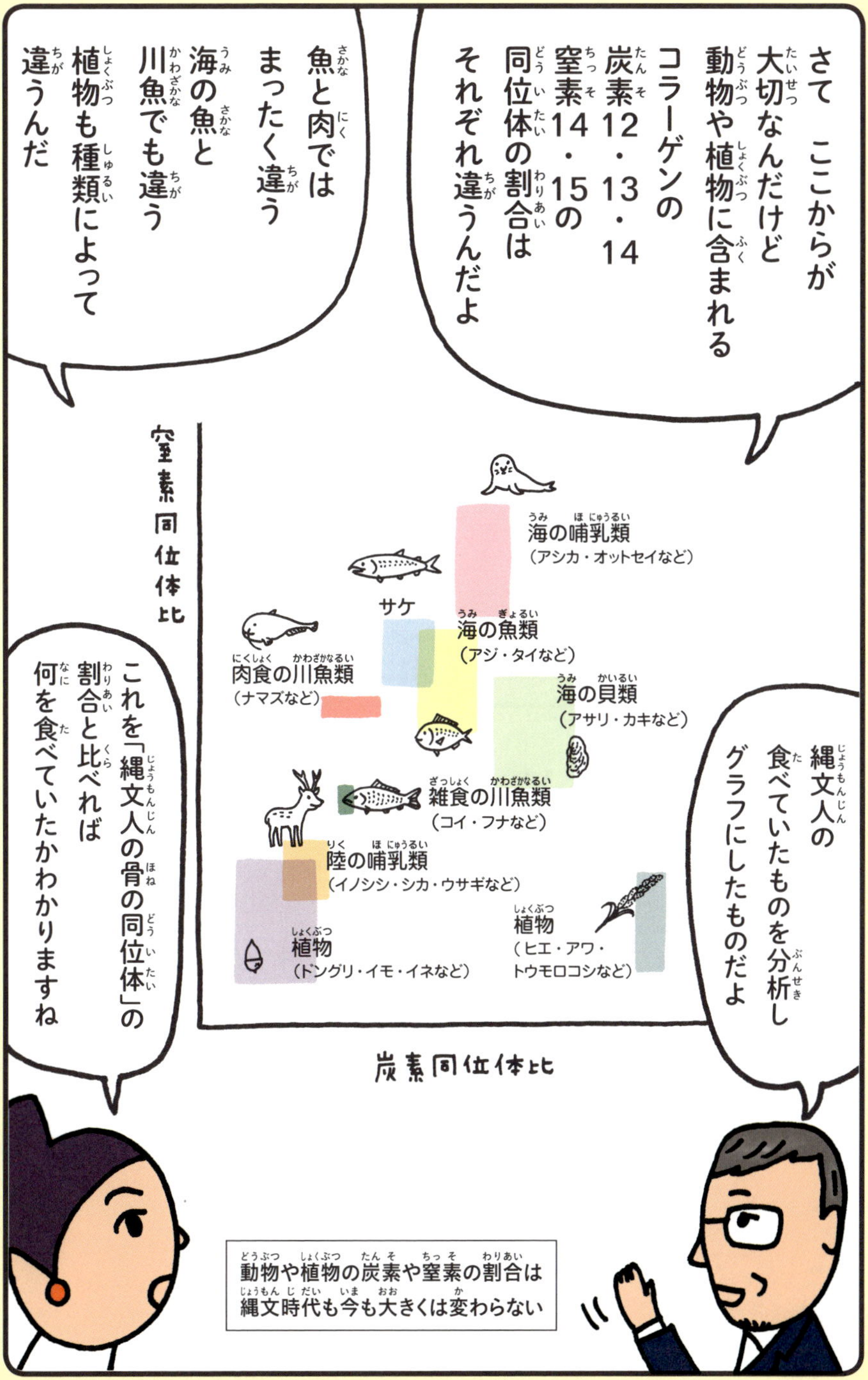
さて　ここからが
大切《たいせつ》なんだけど
動物《どうぶつ》や植物《しょくぶつ》に含《ふく》まれる
コラーゲンの
炭素《たんそ》12・13・14
窒素《ちっそ》14・15の
同位体《どういたい》の割合《わりあい》は
それぞれ違《ちが》うんだよ
魚《さかな》と肉《にく》では
まったく違《ちが》う
海《うみ》の魚《さかな》と
川魚《かわざかな》でも違《ちが》う
植物《しょくぶつ》も種類《しゅるい》によって
違《ちが》うんだ
窒素同位体比
海《うみ》の哺乳類《ほにゅうるい》
（アシカ・オットセイなど）
サケ
海《うみ》の魚類《ぎょるい》
（アジ・タイなど）
肉食《にくしょく》の川魚類《かわざかなるい》
（ナマズなど）
海《うみ》の貝類《かいるい》
（アサリ・カキなど）
雑食《ざっしょく》の川魚類《かわざかなるい》
（コイ・フナなど）
陸《りく》の哺乳類《ほにゅうるい》
（イノシシ・シカ・ウサギなど）
植物《しょくぶつ》
（ヒエ・アワ・
トウモロコシなど）
植物《しょくぶつ》
（ドングリ・イモ・イネなど）
炭素同位体比
縄文人《じょうもんじん》の
食《た》べていたものを分析《ぶんせき》し
グラフにしたものだよ
これを「縄文人《じょうもんじん》の骨《ほね》の同位体《どういたい》」の
割合《わりあい》と比《くら》べれば
何《なに》を食《た》べていたかわかりますね
動物《どうぶつ》や植物《しょくぶつ》の炭素《たんそ》や窒素《ちっそ》の割合《わりあい》は
縄文時代《じょうもんじだい》も今《いま》も大《おお》きくは変《か》わらない

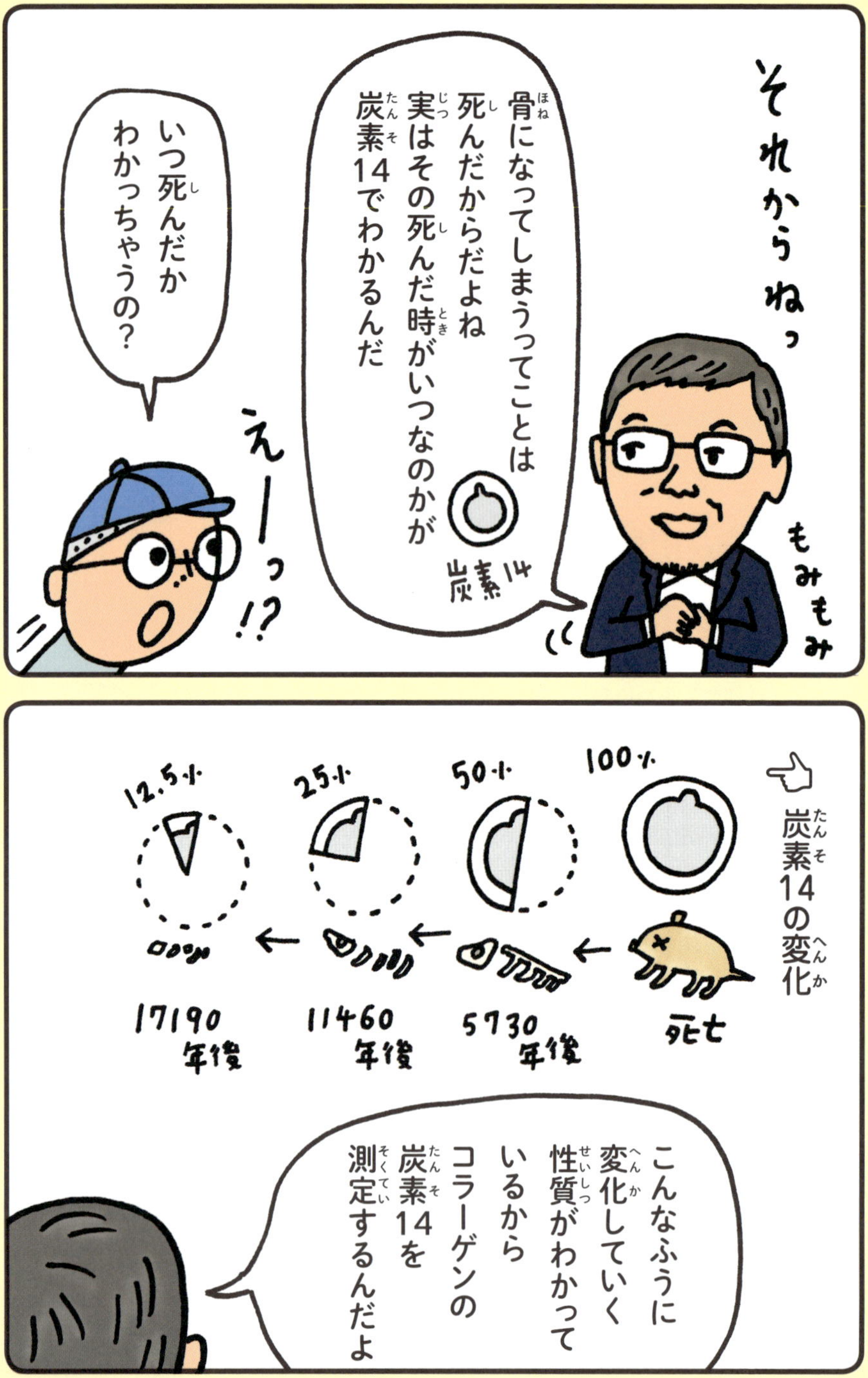

それからねっ
もみもみ
骨《ほね》になってしまうってことは死《し》んだからだよね実《じつ》はその死《し》んだ時《とき》がいつなのかが炭素《たんそ》14でわかるんだ
炭素14
えーーっ!?
いつ死《し》んだかわかっちゃうの?
炭素《たんそ》14の変化《へんか》
100%
死亡
50%
5730年後
25%
11460年後
12.5%
17190年後
こんなふうに変化《へんか》していく性質《せいしつ》がわかっているからコラーゲンの炭素《たんそ》14を測定《そくてい》するんだよ

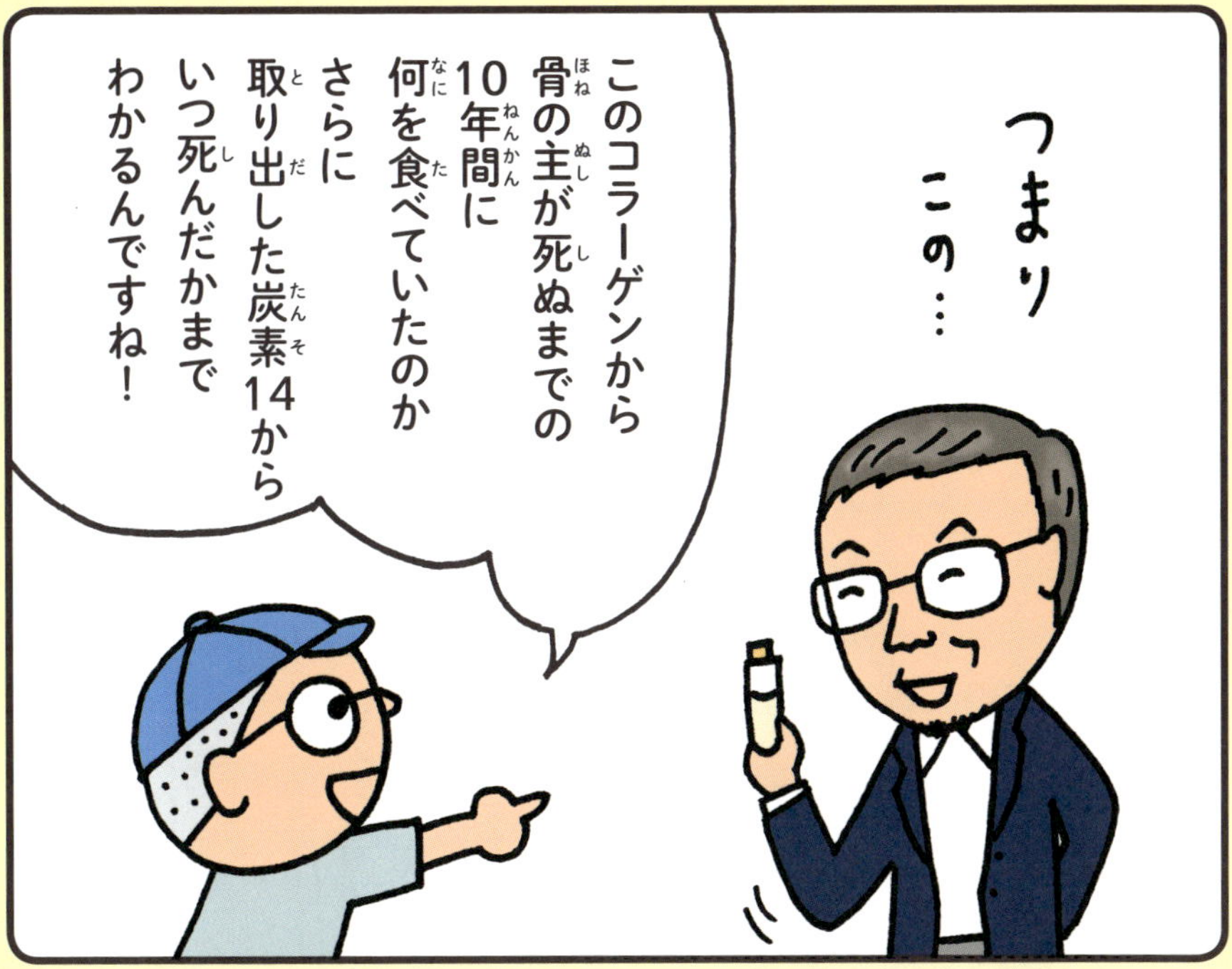
つまり
この…
このコラーゲンから骨《ほね》の主《ぬし》が死《し》ぬまでの10年間《ねんかん》に何《なに》を食《た》べていたのかさらに取《と》り出《だ》した炭素《たんそ》14からいつ死《し》んだかまでわかるんですね！

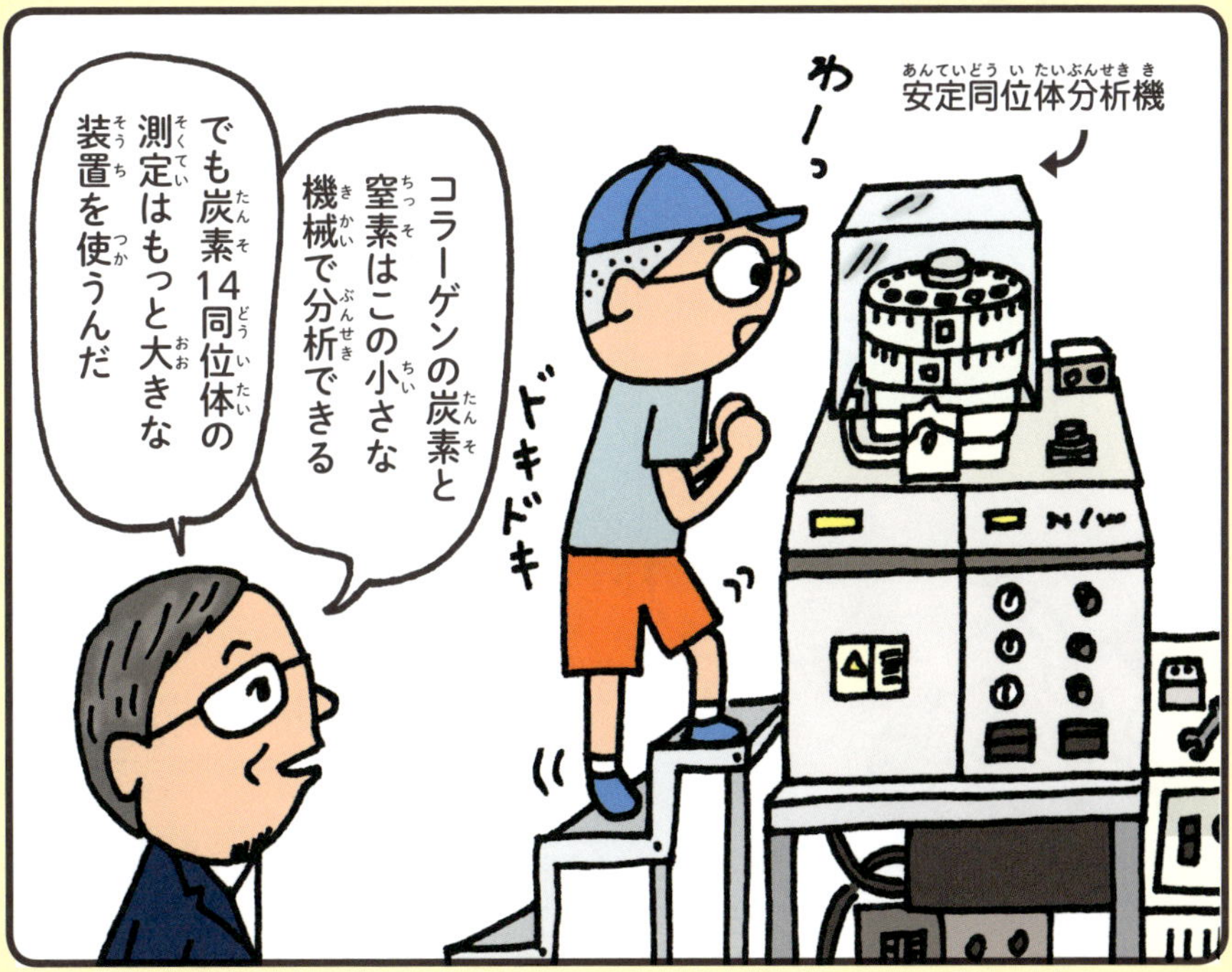
わーっ
安定《あんてい》同《どう》位《い》体《たい》分析《ぶんせき》機《き》
ドキドキ
コラーゲンの炭素《たんそ》と窒素《ちっそ》はこの小《ちい》さな機械《きかい》で分析《ぶんせき》できる
でも炭素《たんそ》14同位体《どういたい》の測定《そくてい》はもっと大《おお》きな装置《そうち》を使《つか》うんだ

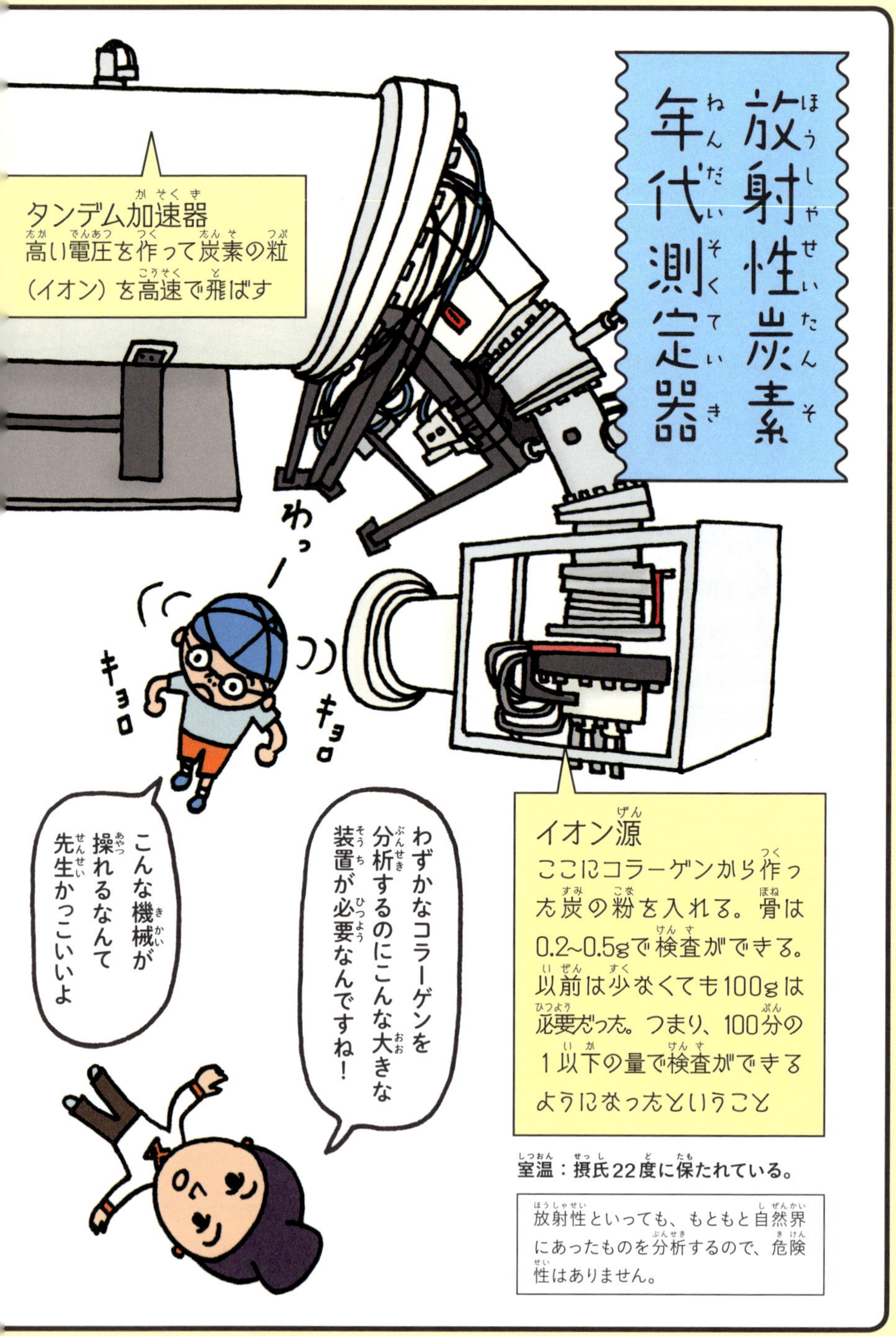
放《ほう》射《しゃ》性《せい》炭《たん》素《そ》年《ねん》代《だい》測《そく》定《てい》器《き》
タンデム加速器《かそくき》
高《たか》い電圧《でんあつ》を作《つく》って炭素《たんそ》の粒《つぶ》（イオン）を高速《こうそく》で飛《と》ばす
わっ
キョロ
キョロ
イオン源《げん》
ここにコラーゲンから作《つく》った炭《すみ》の粉《こな》を入れる。骨《ほね》は0.2~0.5gで検査《けんさ》ができる。以前《いぜん》は少《すく》なくても100gは必要《ひつよう》だった。つまり、100分《ぶん》の1以下《いか》の量で検査《けんさ》ができるようになったということ
わずかなコラーゲンを分析《ぶんせき》するのにこんな大《おお》きな装置《そうち》が必要《ひつよう》なんですね！
こんな機械《きかい》が操《あやつ》れるなんて先生《せんせい》かっこいいよ
室温《しつおん》：摂氏《せっし》22度《ど》に保《たも》たれている。
放射性《ほうしゃせい》といっても、もともと自然界《しぜんかい》にあったものを分析《ぶんせき》するので、危険《きけん》性《せい》はありません。

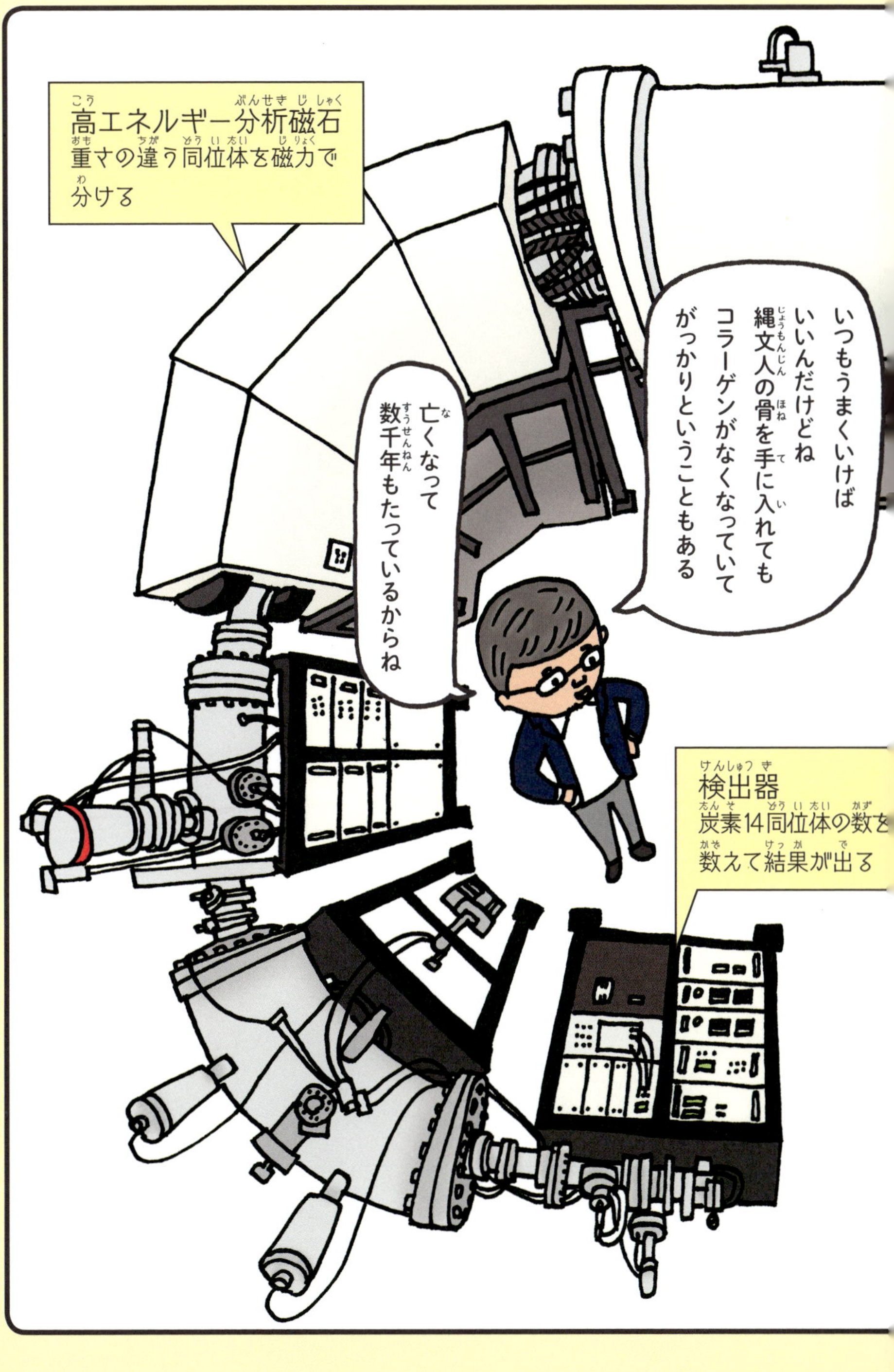
高《こう》エネルギー分析磁石《ぶんせきじしゃく》
重《おも》さの違《ちが》う同位体《どういたい》を磁力《じりょく》で分《わ》ける
いつもうまくいけばいいんだけどね縄文人《じょうもんじん》の骨《ほね》を手《て》に入《い》れてもコラーゲンがなくなっていてがっかりということもある
亡《な》くなって数千年《すうせんねん》もたっているからね
検出器《けんしゅつき》
炭素《たんそ》14同位体《どういたい》の数《かず》を数《かぞ》えて結果《けっか》が出《で》る

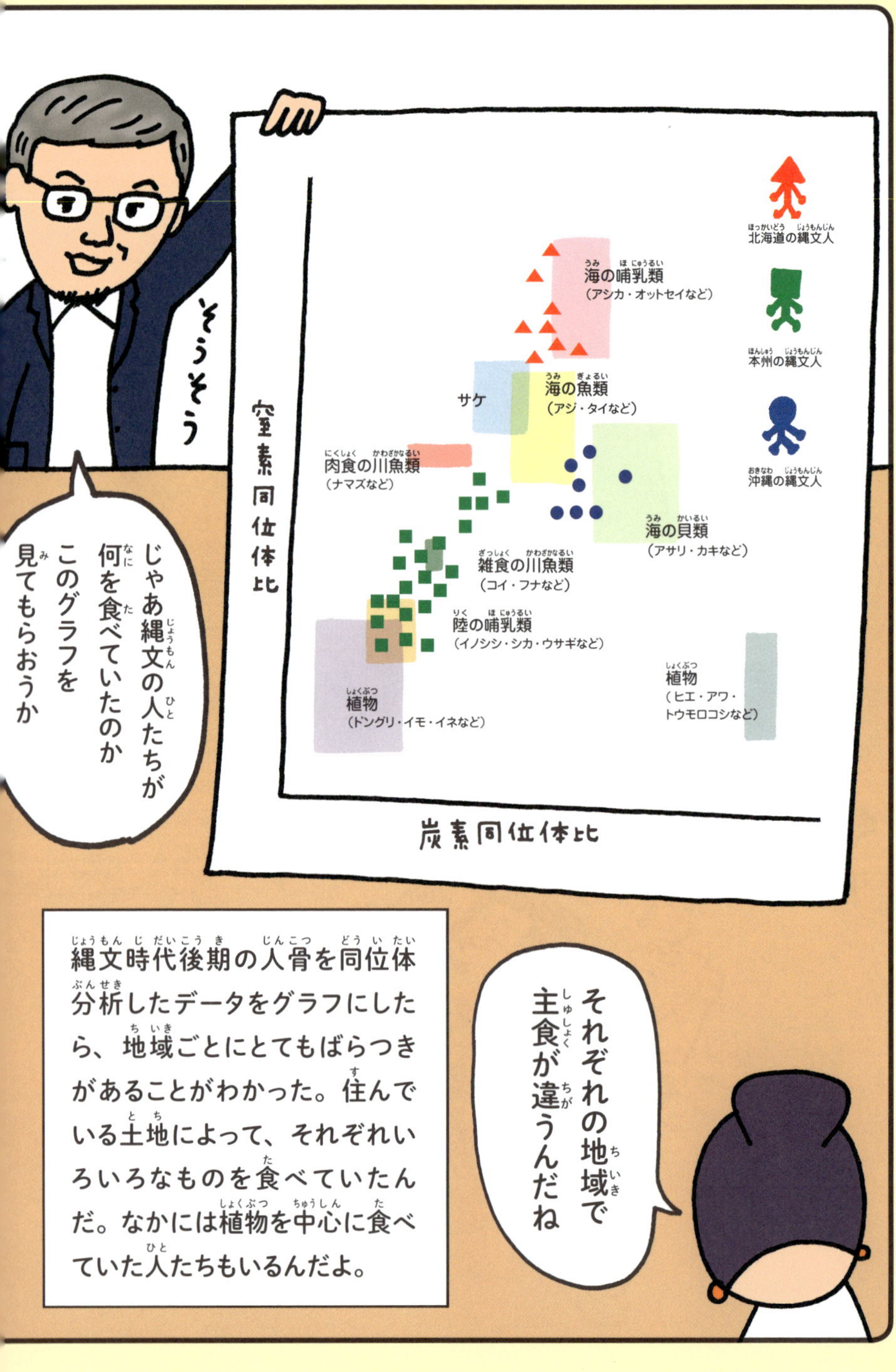

そうそう
じゃあ縄文《じょうもん》の人《ひと》たちが何《なに》を食《た》べていたのかこのグラフを見《み》てもらおうか
窒素同位体比
炭素同位体比
北海道《ほっかいどう》の縄文人《じょうもんじん》
本州《ほんしゅう》の縄文人《じょうもんじん》
沖縄《おきなわ》の縄文人《じょうもんじん》
海《うみ》の哺乳類《ほにゅうるい》
（アシカ・オットセイなど）
サケ
海《うみ》の魚類《ぎょるい》
（アジ・タイなど）
肉食《にくしょく》の川魚類《かわざかなるい》
（ナマズなど）
海《うみ》の貝類《かいるい》
（アサリ・カキなど）
雑食《ざっしょく》の川魚類《かわざかなるい》
（コイ・フナなど）
陸《りく》の哺乳類《ほにゅうるい》
（イノシシ・シカ・ウサギなど）
植物《しょくぶつ》
（ドングリ・イモ・イネなど）
植物《しょくぶつ》
（ヒエ・アワ・
トウモロコシなど）
縄文時代後期《じょうもんじだいこうき》の人骨《じんこつ》を同位体《どういたい》分析《ぶんせき》したデータをグラフにしたら、地域《ちいき》ごとにとてもばらつきがあることがわかった。住《す》んでいる土地《とち》によって、それぞれいろいろなものを食《た》べていたんだ。なかには植物《しょくぶつ》を中心《ちゅうしん》に食《た》べていた人《ひと》たちもいるんだよ。
それぞれの地域《ちいき》で主食《しゅしょく》が違《ちが》うんだね

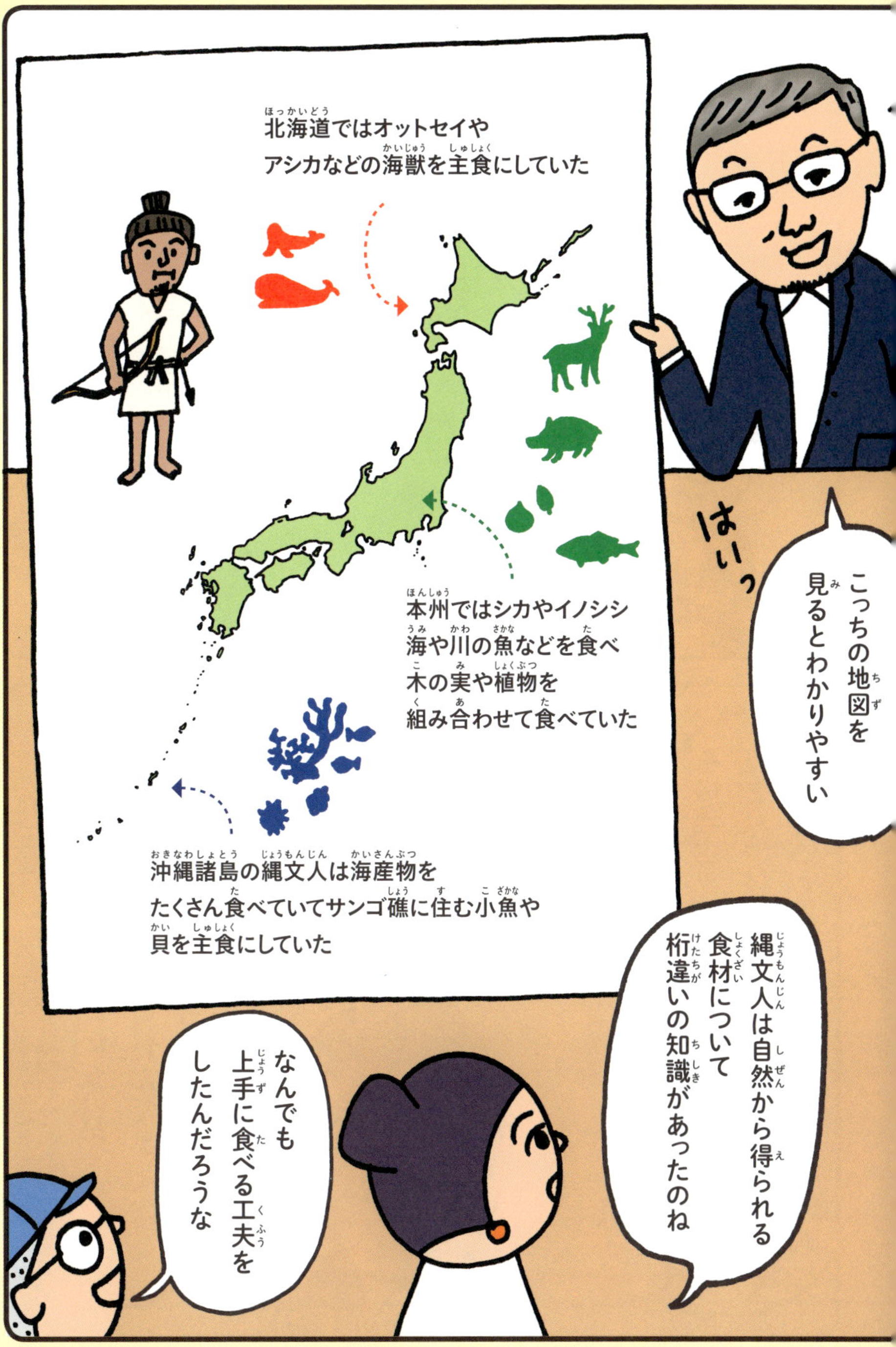
北海道《ほっかいどう》ではオットセイや
アシカなどの海獣《かいじゅう》を主食《しゅしょく》にしていた
本州《ほんしゅう》ではシカやイノシシ
海《うみ》や川《かわ》の魚《さかな》などを食《た》べ
木《こ》の実《み》や植物《しょくぶつ》を
組《く》み合《あ》わせて食《た》べていた
沖縄諸島《おきなわしょとう》の縄文人《じょうもんじん》は海産物《かいさんぶつ》を
たくさん食《た》べていてサンゴ礁《しょう》に住《す》む小魚《こざかな》や
貝《かい》を主食《しゅしょく》にしていた
こっちの地図《ちず》を見《み》るとわかりやすい
はいっ
縄文人《じょうもんじん》は自然《しぜん》から得《え》られる食材《しょくざい》について桁違《けたちが》いの知識《ちしき》があったのね
なんでも上手《じょうず》に食《た》べる工夫《くふう》をしたんだろうな

縄文人《じょうもんじん》の食生活《しょくせいかつ》がよくわかってすっきりしました！
縄文人《じょうもんじん》は食《た》べることが上手《じょうず》だったんだね！
いやいや……わからないことはまだまだあるさ
たった５００ｍしか離《はな》れていない集落《しゅうらく》なのに食《た》べていたものが違《ちが》うという例《れい》もあったんだ
その理由《りゆう》までまだたどりつけていないけど 解明《かいめい》する方法《ほうほう》を探《さぐ》りたいと思《おも》っているんだ

そうそう
これを見《み》てごらん
これも同位体分析《どういたいぶんせき》だけど
これはどんな人《ひと》たちなのかな？
さっきとは全然違《ぜんぜんちが》って
食《た》べたものの種類《しゅるい》が
ほとんど1か所《しょ》に
集《あつ》まってる

答《こた》えは私《わたし》たち
現代《げんだい》の日本人《にっぽんじん》のデータだよ
食料品《しょくりょうひん》の保存《ほぞん》や
輸送《ゆそう》の技術《ぎじゅつ》が発達《はったつ》して
全国《ぜんこく》どこにいても
同《おな》じような食生活《しょくせいかつ》が
できるようになった
ということが
わかるんだよ
僕《ぼく》たちの!?
ひょえ～

おいしいものをみんなが同《おな》じように食《た》べられるのはいいことだと思《おも》うけれど
動物《どうぶつ》としては食《しょく》の多様性《たようせい》があるほうが生存《せいぞん》という意味《いみ》では好《この》ましいという面《めん》もあるんだよ
そっかー
またねー
僕《ぼく》やっぱりワカメも食《た》べるよ
そうね縄文人《じょうもんじん》の食《しょく》の知恵《ちえ》を大切《たいせつ》にしなきゃね！

No.2

あっきーの 研究《けんきゅう》まとめノート

生態学編《せいたいがくへん》

- 骨《ほね》のコラーゲンを分析《ぶんせき》すると、亡《な》くなるまでの10年間《ねんかん》何《なに》を食《た》べていたかがわかる。
- 縄文人《じょうもんじん》は暮《く》らす場所《ばしょ》に合《あ》わせて、その土地《とち》の様々《さまざま》な食《た》べ物《もの》を食《た》べていた。
- 放射性炭素年代測定器《ほうしゃせいたんそねんだいそくていき》によって、古《ふる》い時代《じだい》の骨《ほね》から亡《な》くなった時期《じき》がわかる。
- 好《す》き嫌《きら》いなく食《た》べることが人間《にんげん》の生存《せいぞん》には役立《やくだ》つ！

こんちゃんは こう思《おも》う！

世界中《せかいじゅう》に暮《く》らす人々《ひとびと》は、環境《かんきょう》に合《あ》わせて食《た》べるものや衣服《いふく》を工夫《くふう》しながら生《い》き抜《ぬ》いていることに感《かん》心《しん》しました。それは縄文人《じょうもんじん》も同《おな》じことで、同《おな》じ日本《にっぽん》列島《れっとう》であっても北海道《ほっかいどう》と本州《ほんしゅう》、そして沖縄《おきなわ》では、その地域《ちいき》でたくさん獲《と》れるものを四季《しき》に応《おう》じて上手《うま》く組《く》み合《あ》わせながら食《た》べていたんですね。多種多様《たしゅたよう》なものを組《く》み合《あ》わせて食《た》べていくことは、厳《きび》しい自《し》然環境《ぜんかんきょう》を生《い》き抜《ぬ》いていく暮《く》らしの知恵《ちえ》だとも思《おも》いました。これからも米田先生《よねだせんせい》の研究《けんきゅう》やコラーゲンの分《ぶん》析技術《せきぎじゅつ》の進化《しんか》によって、先史時代《せんしじだい》の人々《ひとびと》が何《なに》を食《た》べて、いかに生《い》き残《のこ》っていったかがもっとわかるかもしれないと思《おも》うと楽《たの》しみです！

あっきーの
作《つく》ってみよう
縄文《じょうもん》ラボ
1

土器形《どきがた》「ドッキー」の作《つく》り方《かた》

縄文時代《じょうもんじだい》の土器《どき》ってかっこいい！　火焔型土器《かえんがたどき》を作《つく》りたかったんだけど難《むずか》しいから、土器形《どきがた》クッキーにしてみた。ドッキーっていうんだって。遺跡《いせき》で発見《はっけん》される土器《どき》の欠片《かけら》のように割《わ》って、パズルとして遊《あそ》んでも楽《たの》しそうだ。作《つく》るときは大人《おとな》と一緒《いっしょ》にね。

作《つく》り方《かた》

材料《ざいりょう》

- 小麦粉《こむぎこ》（薄力粉《はくりきこ》）… 220g
- 砂糖《さとう》… 100g
- バター（または製菓用《せいかよう》マーガリン）… 100g
- 卵《たまご》… 1 個《こ》
- ベーキングパウダー…ひとつまみ
- ココアパウダー…大《おお》さじ2
- あればクルミやアーモンド（細《こま》かく砕《くだ》いておく）

1

作《つく》りたい土器《どき》のモデルを決《き》める。僕《ぼく》は20ページの火焔型土器《かえんがたどき》。

2

ボウルに小麦粉《こむぎこ》と砂糖《さとう》、ベーキングパウダー、ココアパウダーを入《い》れる。

3

ヘラでサクサクと切《き》るように混《ま》ぜよう。

レシピを教《おし》えてくれた人《ひと》：おかし作《づく》り考古学者《こうこがくしゃ》ヤミラ（下島綾美《しもじまあやみ》）さん

4

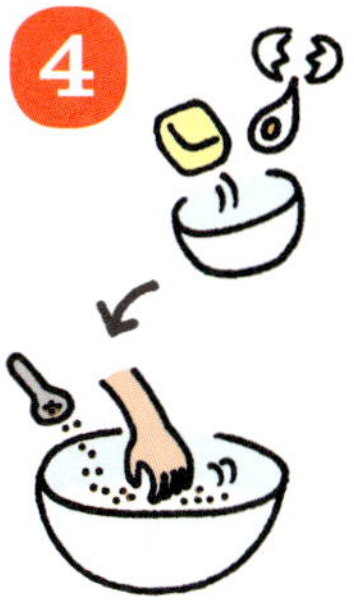

室温《しつおん》に置《お》いて、少《すこ》しやわらかくなったバターを深《ふか》いお皿《さら》に入《い》れて、卵《たまご》を割《わ》って入《い》れて混《ま》ぜよう。混《ま》ざったら、③に入《い》れて手《て》でよく混《ま》ぜてね。クルミやアーモンドを入《い》れるなら一緒《いっしょ》に混《ま》ぜよう。

5

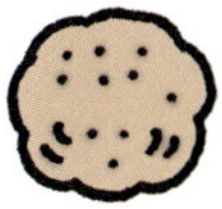

まんべんなく混《ま》ぜて生地《きじ》ができあがったら、丸《まる》くまとめて20分《ぶん》ほど休《やす》ませる。冷蔵庫《れいぞうこ》に入《い》れておくと焼《や》いたときに文様《もんよう》がきれいに残《のこ》りやすいんだって。

6

台《だい》にラップを敷《し》いて⑤をめん棒《ぼう》でのばす。

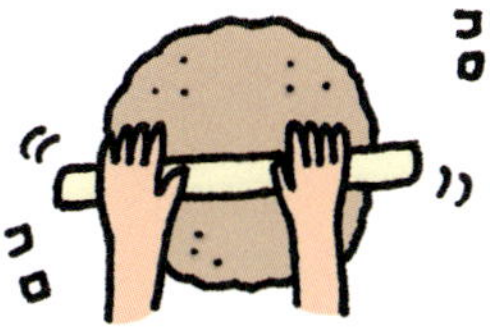

7

厚《あつ》さ1cm、直径《ちょっけい》25～30cmぐらいにのびたら、竹串《たけぐし》で土器《どき》の輪郭《りんかく》を描《えが》こう。

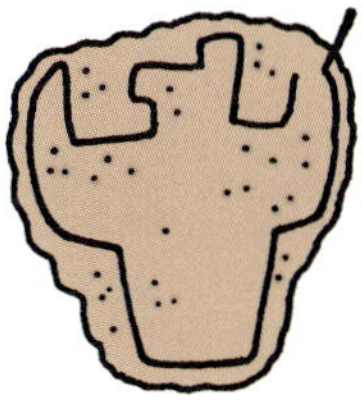

8

テーブルナイフで形《かたち》を切《き》り取《と》ろう。大人《おとな》の人《ひと》と一緒《いっしょ》にやってね。
余《あま》った生地《きじ》で細《ほそ》いひもを作《つく》っておこう。

9

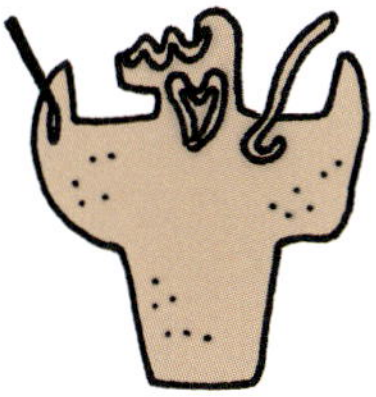

生地《きじ》のひもを文様《もんよう》のようにしたり、竹串《たけぐし》で線《せん》を描《えが》いたり。自由《じゆう》に飾《かざ》り付《つ》けをしてみよう。

10

アルミホイルを敷《し》いたオーブン皿《ざら》に⑨をのせて、イラストのように、テーブルナイフで切《き》り目《め》をうすく入《い》れておこう。最初《さいしょ》に横線《よこせん》を平行《へいこう》に引《ひ》いてから、縦方《たてほう》向《こう》に斜《なな》めの線《せん》を入《い》れるとかっこよく割《わ》れるよ。

11

180度《ど》にあたためたオーブンに入《い》れて約《やく》20～25分《ふん》焼《や》く。焼《や》き上《あ》がりはとっても熱《あつ》いから注意《ちゅうい》してね！
粗熱《あらねつ》がとれたら、⑩で入《い》れた切《き》り目《め》に沿《そ》って割《わ》り、パズルとして遊《あそ》ぼう。

図解《ずかい》まんが

3

植物《しょくぶつ》を知《し》り尽《つ》くした縄文人《じょうもんじん》の知恵《ちえ》を体感《たいかん》せよ!

植物考古学者《しょくぶつこうこがくしゃ》
佐々木由香先生《ささきゆかせんせい》

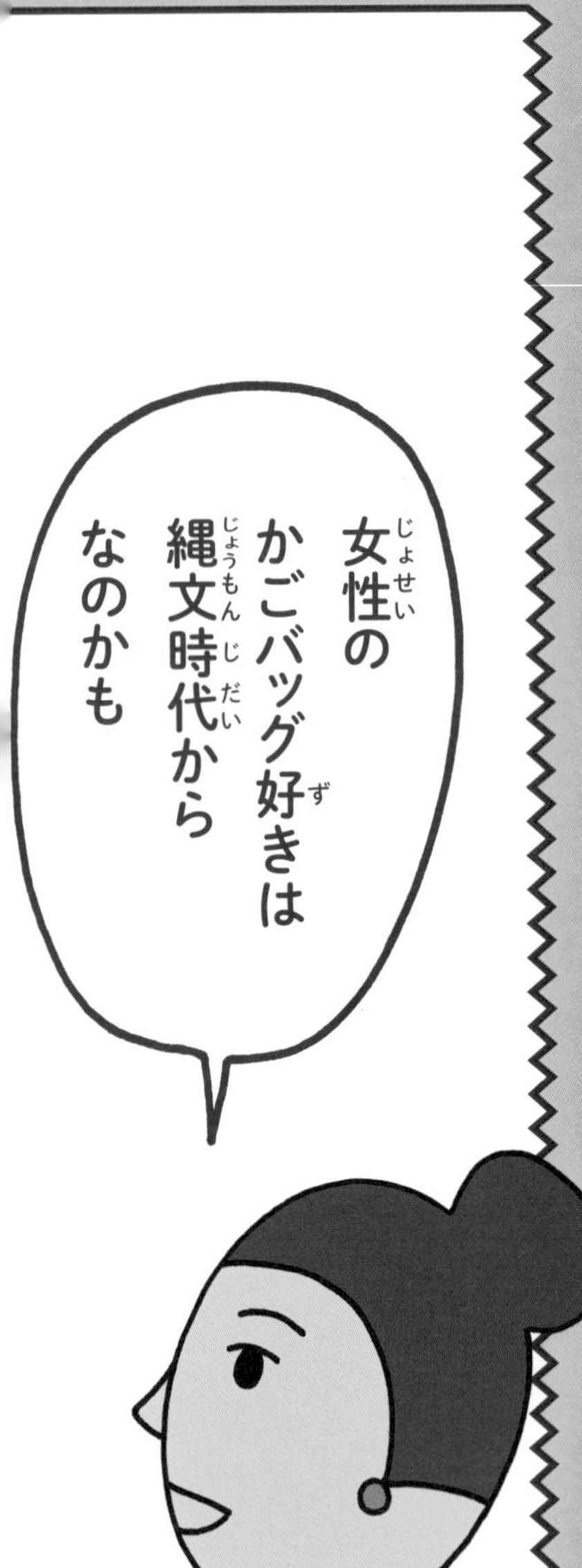

ドングリ…
あっ
教科書…？
かごのランドセルとかかっこいいんじゃない？

あら あっきー
素敵《すてき》なかごをぶら下《さ》げてるじゃない
いいでしょ～
フタもついてるんだ
秋田《あきた》に住《す》んでるおばちゃんが編《あ》んでくれたんだよ
それは貴重《きちょう》なものだわ
本場《ほんば》のかご！
縄文時代《じょうもんじだい》から秋田《あきた》は編《あ》みかごが盛《さか》んに作《つく》られてきた場所《ばしょ》なの そのころからの伝統《でんとう》で今《いま》もアケビやマタタビでかごを作《つく》っているのよ
？
どういうこと

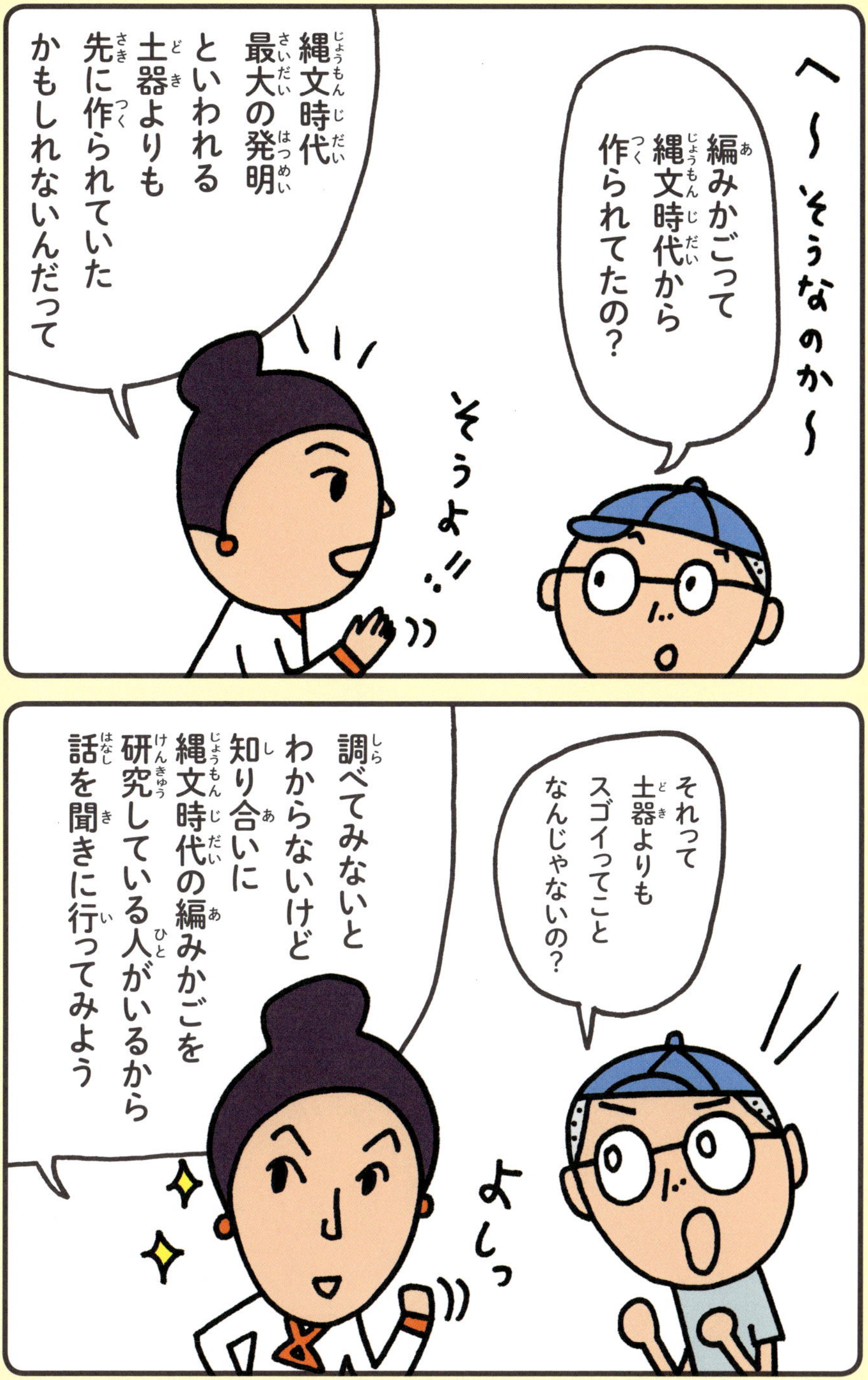
へ〜そうなのか〜
編《あ》みかごって縄文《じょうもん》時《じ》代《だい》から作《つく》られてたの？
そうよ!!
縄文《じょうもん》時《じ》代《だい》最《さい》大《だい》の発《はつ》明《めい》といわれる土《ど》器《き》よりも先《さき》に作《つく》られていたかもしれないんだって
それって土《ど》器《き》よりもスゴイってことなんじゃないの？
よしっ
調《しら》べてみないとわからないけど知《し》り合《あ》いに縄文《じょうもん》時《じ》代《だい》の編《あ》みかごを研《けん》究《きゅう》している人《ひと》がいるから話《はなし》を聞《き》きに行《い》ってみよう

佐々木先生《ささきせんせい》こんにちは
こんにちはー
じーっ
先生《せんせい》何《なに》をのぞいているの?
エゴマ※の種《たね》を見《み》ていたの
※シソ科《か》の植物《しょくぶつ》。葉《は》や種《たね》が食用《しょくよう》になるほか、種《たね》からは食用油《しょくようあぶら》が作《つく》られます。
じーっ
ぐぐっ

それがエゴマの種《たね》よ よく見《み》ると表面《ひょうめん》に格《こう》子《し》目《め》状《じょう》の模《も》様《よう》があるでしょ
どこにも種《たね》なんかないけど水色《みずいろ》のシートにぽちっとした粒《つぶ》があるだけだよ
これはもしかして……
そう！ 土《ど》器《き》のレプリカなのよ
こっちに来てごらん
まずこの土《ど》器《き》片《へん》(かけら)を見《み》てくれる？
はいっ

なんかえらく小《ちい》さな穴《あな》ぼこがたくさんあるみたいだけど……

見えるよ!

でも何《なん》で?

さっきあっきーが顕微鏡《けんびきょう》で見《み》たエゴマが入《はい》ってた穴《あな》よ
エゴマが?土器《どき》の中《なか》に?

土器《どき》に入《はい》ってたってことは土器《どき》を作《つく》るときに粘土《ねんど》に交《ま》ざっていたってことですか?

偶然《ぐうぜん》なのかわざとなのかはわからないけれど土器《どき》の粘土《ねんど》の中《なか》にマメ類《るい》やアサなどの種実《しゅじつ》が入《はい》っていることがあるの

多《おお》いものだと長《なが》野《の》県《けん》岡《おか》谷《や》市《し》の梨《なし》久《く》保《ぼ》遺《い》跡《せき》の土器《どき》で3000粒《つぶ》のエゴマが入《はい》っていたこともある
さ・さんぜんつぶーっ
!!!
数《かず》だけ聞《き》くと多《おお》いけれど手《て》のひらにこんもりと一杯分《いっぱいぶん》ぐらいの量《りょう》かな
土器《どき》を焼《や》くと種《たね》は燃《も》えてなくなる……
でも種《たね》の形《かたち》の痕《あと》は残《のこ》るの
プスッ
プスッ
そこで今《いま》種《たね》の型《かた》を取《と》って観察《かんさつ》していたってことですね

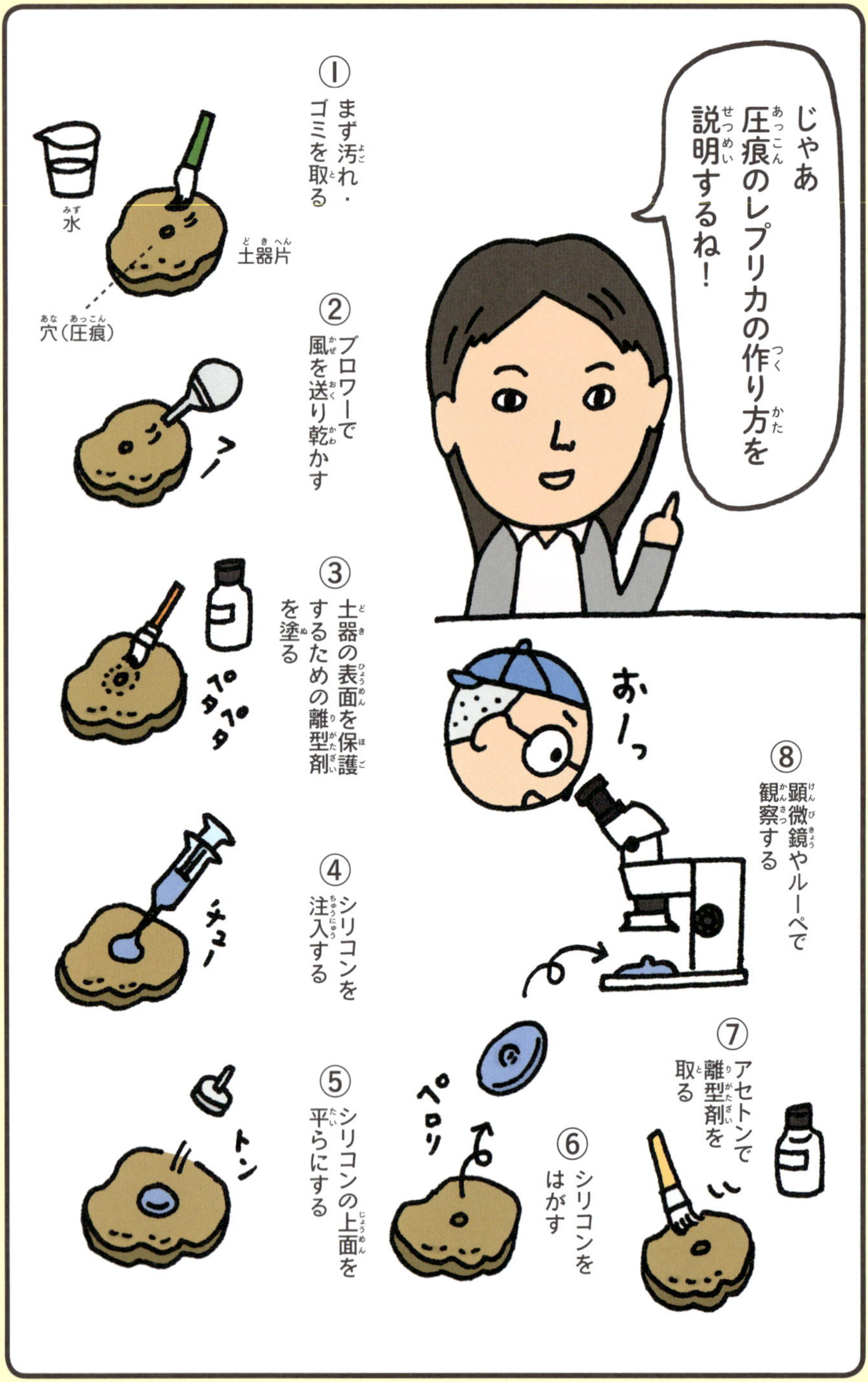
じゃあ圧痕《あっこん》のレプリカの作《つく》り方《かた》を説明《せつめい》するね！
①まず汚《よご》れ・ゴミを取《と》る
水《みず》
土器片《どきへん》
穴《あな》（圧痕《あっこん》）
②ブロワーで風《かぜ》を送《おく》り乾《かわ》かす
③土《ど》器《き》の表面《ひょうめん》を保護《ほご》するための離型剤《りがたざい》を塗《ぬ》る
ペタペタ
④シリコンを注入《ちゅうにゅう》する
チュー
⑤シリコンの上面《じょうめん》を平《たい》らにする
トン
⑥シリコンをはがす
ペロリ
⑦アセトンで離型剤《りがたざい》を取《と》る
⑧顕微鏡《けんびきょう》やルーペで観察《かんさつ》する
おーっ

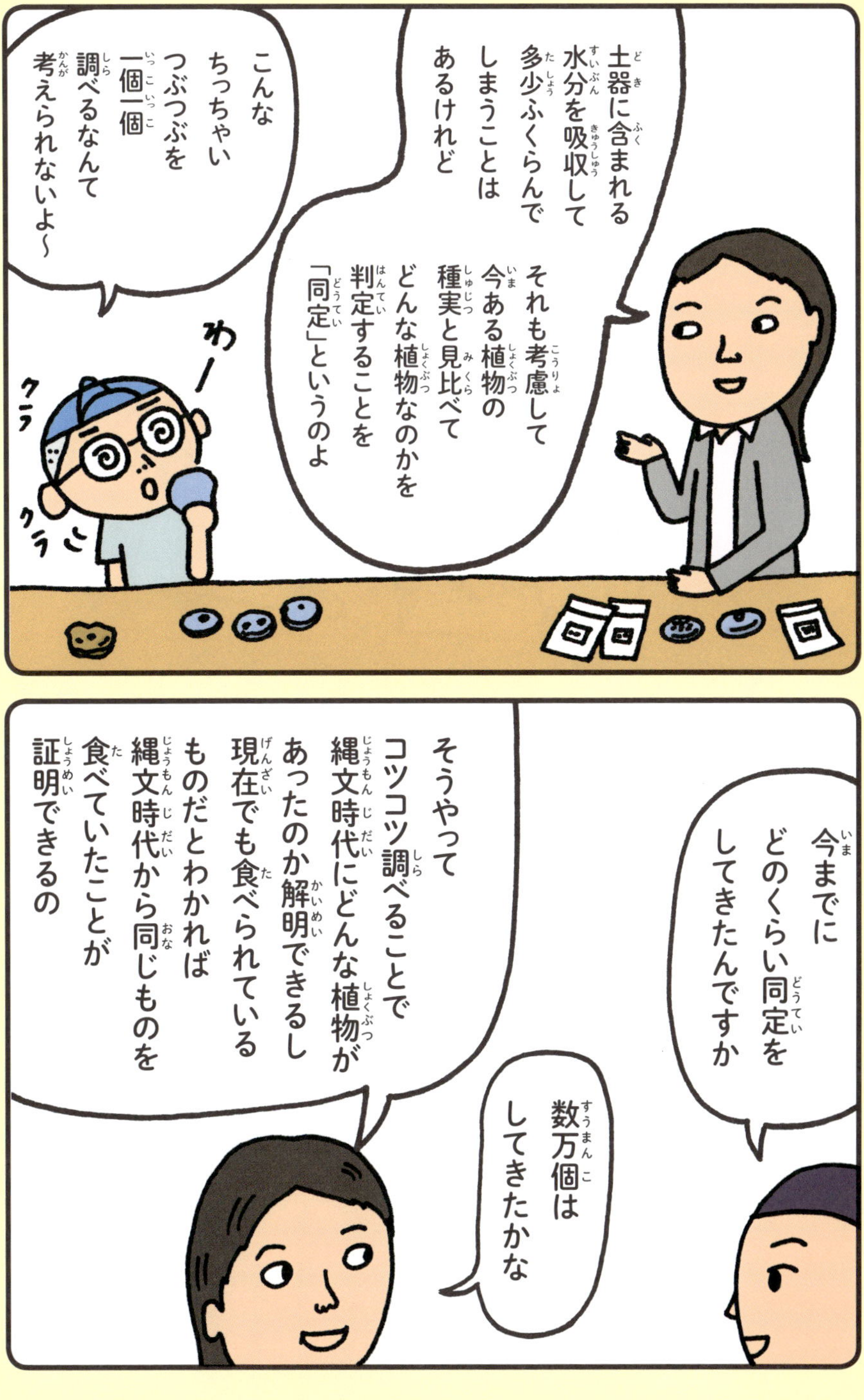
土器《どき》に含《ふく》まれる水分《すいぶん》を吸収《きゅうしゅう》して多少《たしょう》ふくらんでしまうことはあるけれど
それも考慮《こうりょ》して今《いま》ある植物《しょくぶつ》の種実《しゅじつ》と見比《みくら》べてどんな植物《しょくぶつ》なのかを判定《はんてい》することを「同定《どうてい》」というのよ
こんなちっちゃいつぶつぶを一個一個《いっこいっこ》調《しら》べるなんて考《かんが》えられないよ〜
わー
クラ
クラ
今《いま》までにどのくらい同定《どうてい》をしてきたんですか
数万個《すうまんこ》はしてきたかな
そうやってコツコツ調《しら》べることで縄文時代《じょうもんじだい》にどんな植物《しょくぶつ》があったのか解明《かいめい》できるし現在《げんざい》でも食《た》べられているものだとわかれば縄文時代《じょうもんじだい》から同《おな》じものを食《た》べていたことが証明《しょうめい》できるの

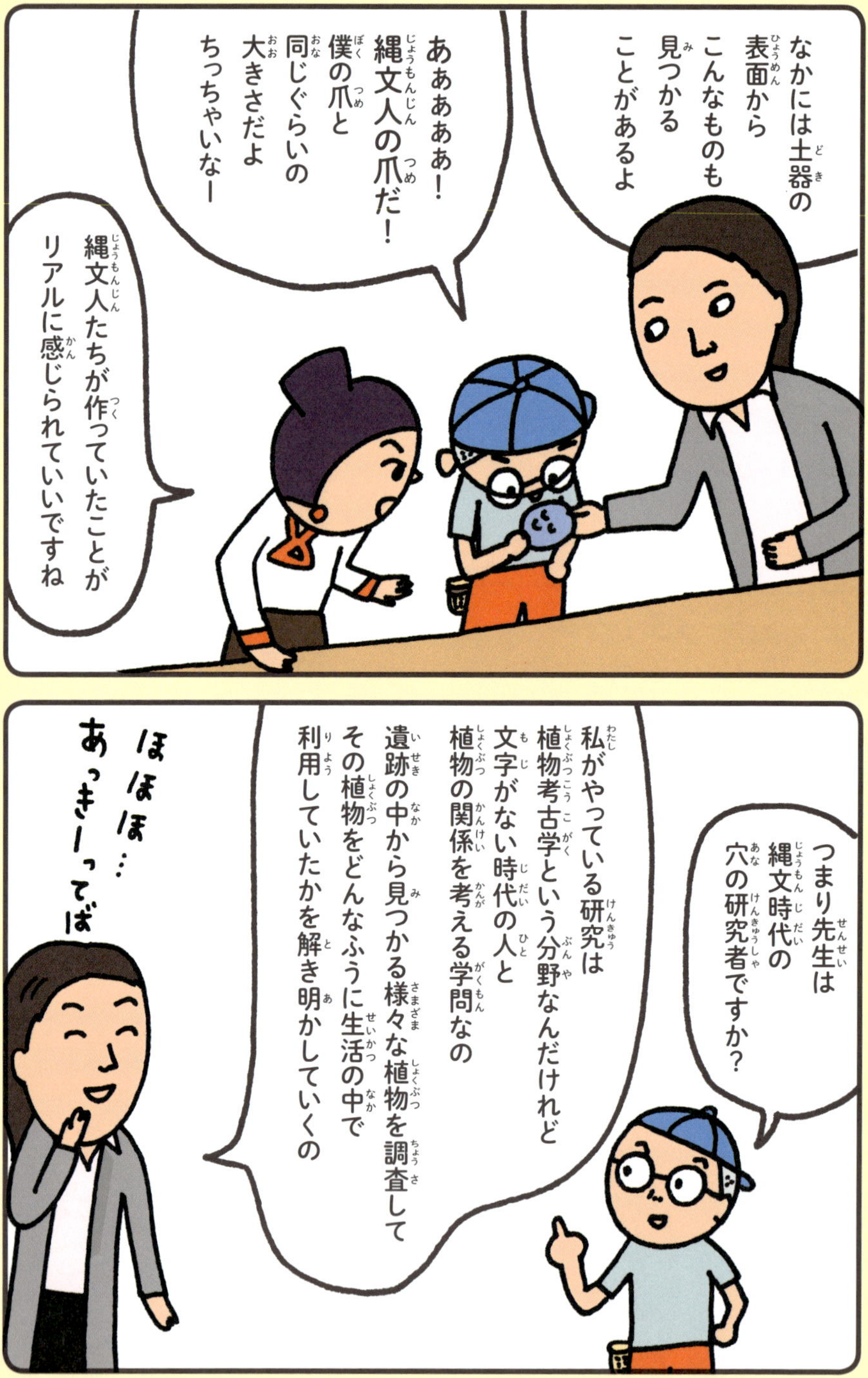

なかには土器《どき》の表面《ひょうめん》からこんなものも見《み》つかることがあるよ
あああああ！縄文人《じょうもんじん》の爪《つめ》だ！僕《ぼく》の爪《つめ》と同《おな》じぐらいの大《おお》きさだよちっちゃいなー
縄文人《じょうもんじん》たちが作《つく》っていたことがリアルに感《かん》じられていいですね
つまり先生《せんせい》は縄文時代《じょうもんじだい》の穴《あな》の研究者《けんきゅうしゃ》ですか？
私《わたし》がやっている研究《けんきゅう》は植物考古学《しょくぶつこうこがく》という分野《ぶんや》なんだけれど文字《もじ》がない時代《じだい》の人《ひと》と植物《しょくぶつ》の関係《かんけい》を考《かんが》える学問《がくもん》なの遺跡《いせき》の中《なか》から見《み》つかる様々《さまざま》な植物《しょくぶつ》を調査《ちょうさ》してその植物《しょくぶつ》をどんなふうに生活《せいかつ》の中《なか》で利用《りよう》していたかを解《と》き明《あ》かしていくの
ほほほ…
あっきーってば

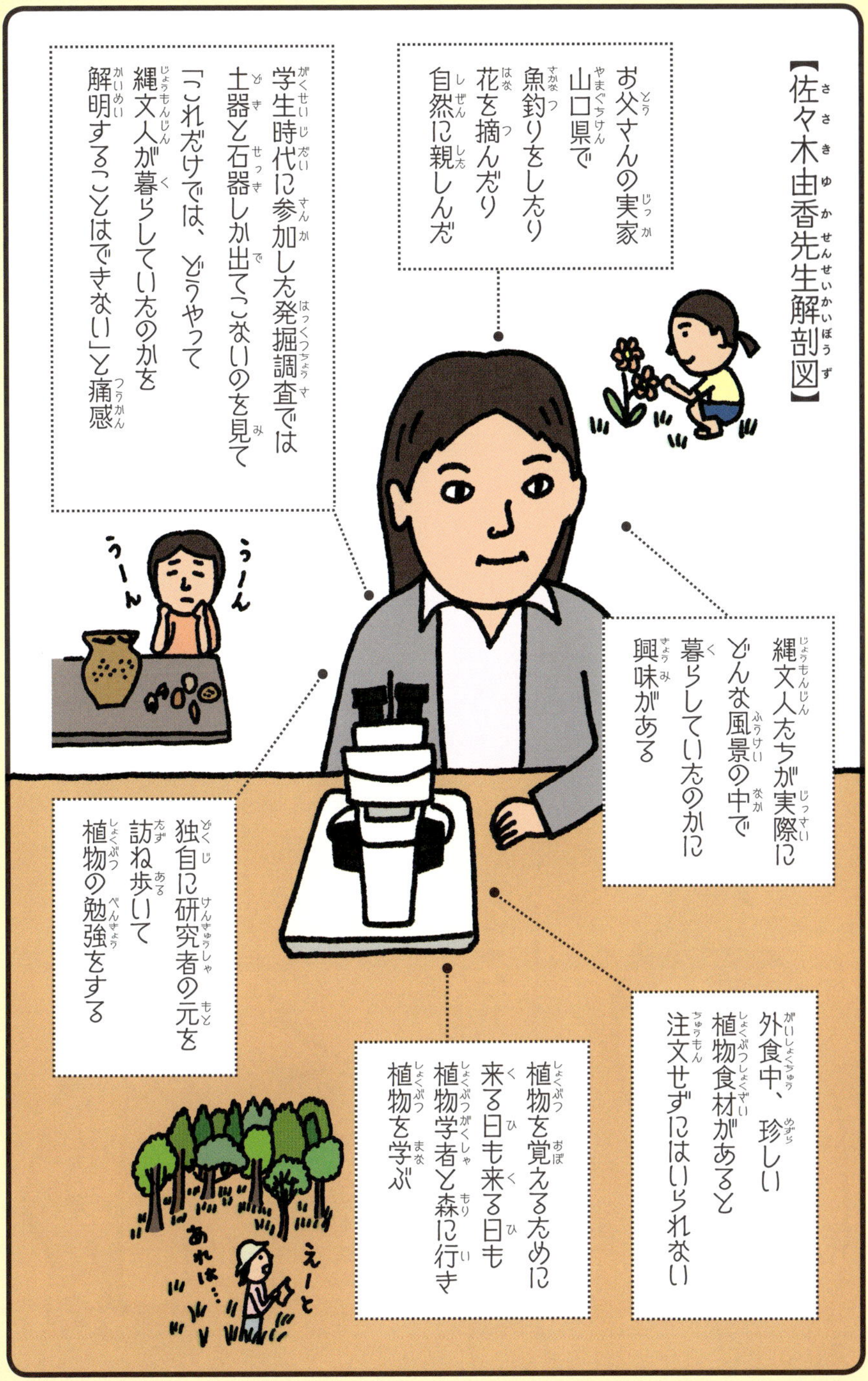
【佐《さ》々《さ》木《き》由《ゆ》香《か》先生《せんせい》解剖図《かいぼうず》】
お父《とう》さんの実家《じっか》
山口県《やまぐちけん》で
魚《さかな》釣《つ》りをしたり
花《はな》を摘《つ》んだり
自然《しぜん》に親《した》しんだ
学生時代《がくせいじだい》に参加《さんか》した発掘調査《はっくつちょうさ》では
土器《どき》と石器《せっき》しか出《で》てこないのを見《み》て
「これだけでは、どうやって
縄文人《じょうもんじん》が暮《く》らしていたのかを
解明《かいめい》することはできない」と痛感《つうかん》
うーん
うーん
縄文人《じょうもんじん》たちが実際《じっさい》に
どんな風景《ふうけい》の中《なか》で
暮《く》らしていたのかに
興味《きょうみ》がある
外食中《がいしょくちゅう》、珍《めずら》しい
植物食材《しょくぶつしょくざい》があると
注文《ちゅうもん》せずにはいられない
植物《しょくぶつ》を覚《おぼ》えるために
来《く》る日《ひ》も来《く》る日《ひ》も
植物学者《しょくぶつがくしゃ》と森《もり》に行《い》き
植物《しょくぶつ》を学《まな》ぶ
独自《どくじ》に研究者《けんきゅうしゃ》の元《もと》を
訪《たず》ね歩《ある》いて
植物《しょくぶつ》の勉強《べんきょう》をする
えーと
あれは…

圧痕《あっこん》レプリカ法《ほう》で
こんな発見《はっけん》もあったの
縦《たて》と横《よこ》に
ボコボコした線《せん》が
あるんだけど
これはなんなの?
くるっ
くるっ
土器《どき》を作《つく》るときに
下《した》に敷《し》いていた
敷物《しきもの》の痕《あと》よ
じっくり観察《かんさつ》すると
どんな植物《しょくぶつ》を使《つか》って
編《あ》まれているかも
わかるのよ
あ! そうだった!
今日《きょう》は先生《せんせい》に
縄文時代《じょうもんじだい》の
編《あ》みかごについて
聞《き》きにきたんだった!
まったく
こんちゃんは
おっちょこちょい
だな〜

先生…
縄文《じょうもん》時代《じだい》から編《あ》みかごが作《つく》られているって本当《ほんとう》ですか？
ほんとうよ それも縄文《じょうもん》時代《じだい》早期《そうき》には 今《いま》あるほとんどの技法《ぎほう》で かごが作《つく》られていたことが わかっているの これを見《み》てくれる？
カチ カチ
佐賀県《さがけん》の東名《ひがしみょう》遺跡《いせき》で出土《しゅつど》した約《やく》8000年前《ねんまえ》に作《つく》られた編《あ》みかごで
これを復元《ふくげん》することができたんだけど それが……

こういう大型《おおがた》の
編《あみ》かごだったの

巾着袋《きんちゃくぶくろ》のように
ぎゅっと縛《しば》ることもできる
優《すぐ》れもの

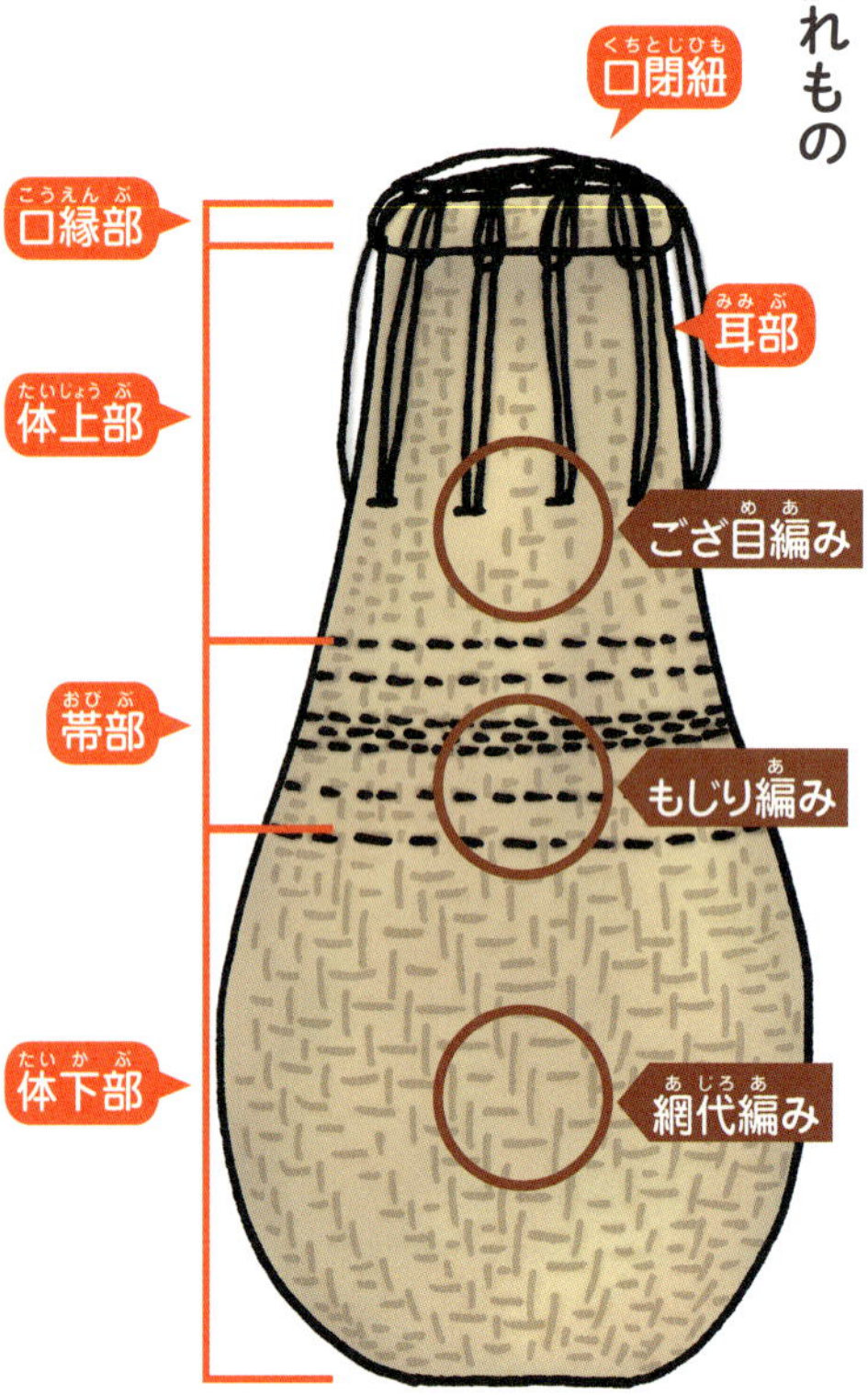

【大型狭口《おおがたせばぐち》タイプの代表例《だいひょうれい》】

材料《ざいりょう》

口閉紐《くちとじひも》・耳部《みみぶ》・帯部《おびぶ》：
ツヅラフジ
体上部《たいじょうぶ》・体下部《たいかぶ》：
イヌビワ

推定高《すいていこう》	88cm
最大幅《さいだいはば》	52cm

中《なか》のものが落《お》ちない工夫《くふう》がされていた

※東名遺跡《ひがしみょういせき》からは編《あ》みかごが731点出土《てんしゅつど》しています（破片《はへん》などの資料《しりょう》を含《ふく》む）。
〈大《だい》357個《こ》、小《しょう》60個《こ》、ザル2個《こ》、ほか〉

部位《ぶい》によって技法《ぎほう》と素材《そざい》が
使《つか》い分《わ》けられているの。

そんな手《て》の込《こ》んだことが
できるんですか？
デザインのためですか？

補強《ほきょう》や形《かたち》を変化《へんか》させる
役割《やくわり》もあるけれど、
多《おお》くはデザインのためだと
思《おも》います。

ものすごく工夫《くふう》が、
されているんですね。

中《なか》には何《なに》を入《い》れてたのかな？

ドングリ（主《おも》にイチイガシ）ね。

使用素材《しようそざい》

かごに使《つか》われた素材《そざい》の割合《わりあい》を円《えん》グラフにしました。

東名遺跡《ひがしみょういせき》では8000年前《ねんまえ》には、すでに10種類《しゅるい》以上《いじょう》の編《あ》み組《く》みのデザインができあがっていたようです。編《あ》み方《かた》と素材《そざい》・形《かたち》を組《く》み合《あ》わせて、使《つか》う目的《もくてき》にぴったりと適《てき》したかごを作《つく》っていたのではないでしょうか。

<大型《おおがた》かご>

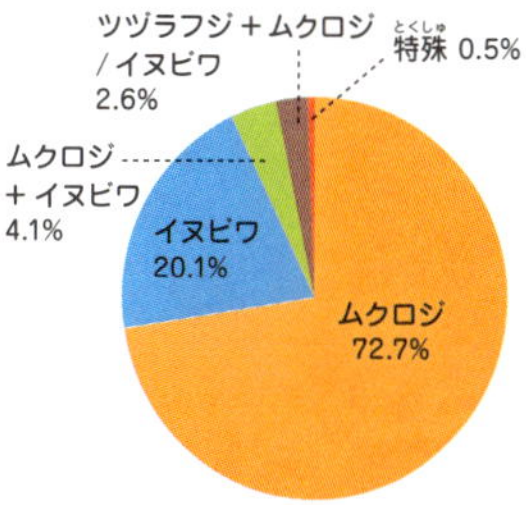

<小型《こがた》かご>

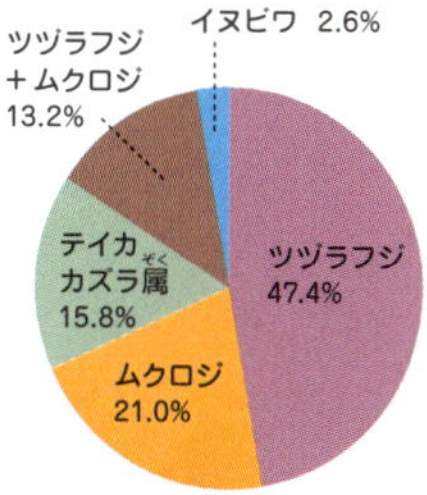

形《かたち》のバリエーション

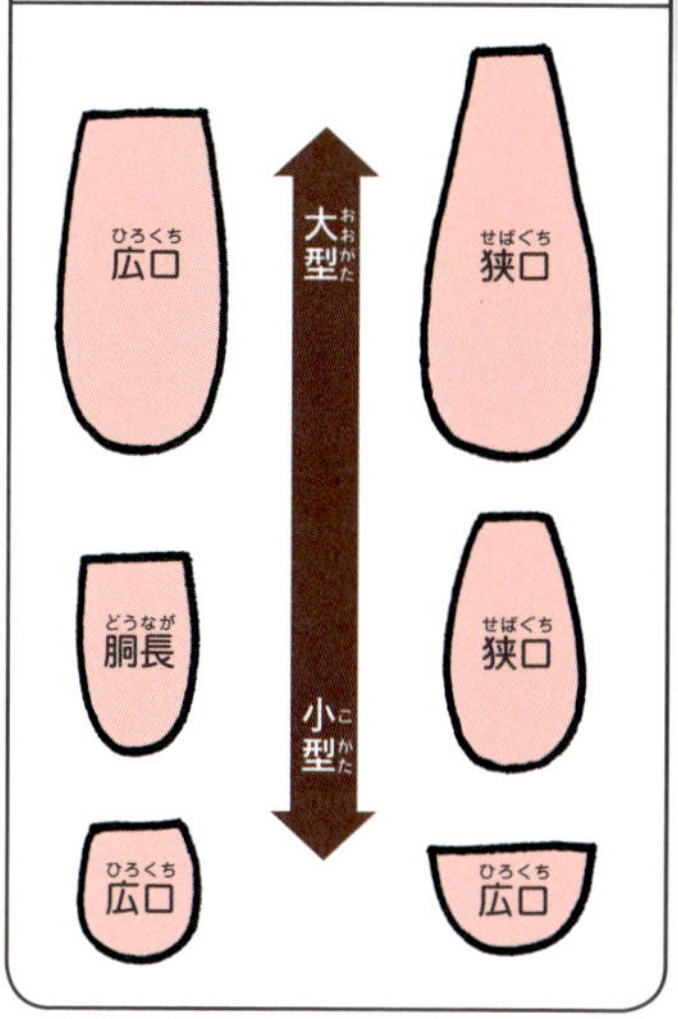

編《あ》み組《く》み技法《ぎほう》

編《あ》み目《め》の細部《さいぶ》をわかりやすく拡大《かくだい》しました。

ござ目《め》　もじり　網代《あじろ》　六《む》ツ目《め》

ドングリを入《い》れるだけなのに、こんなに手間《てま》や時間《じかん》をかけて工夫《くふう》を？

大型《おおがた》のかごはドングリを水漬《みずづ》けにして貯蔵《ちょぞう》するためのもので、小型《こがた》のかごは採集《さいしゅう》や運搬用《うんぱんよう》として使《つか》ったみたい。模様《もよう》もほかの人《ひと》のかごと間違《まちが》えないように、個人《こじん》や集団《しゅうだん》の目印《めじるし》として編《あ》み込《こ》んでいた可能性も考《かんが》えています。

かごを見《み》ただけで、誰《だれ》のものかわかる！

頭《あたま》いいな〜！ 縄文人《じょうもんじん》。

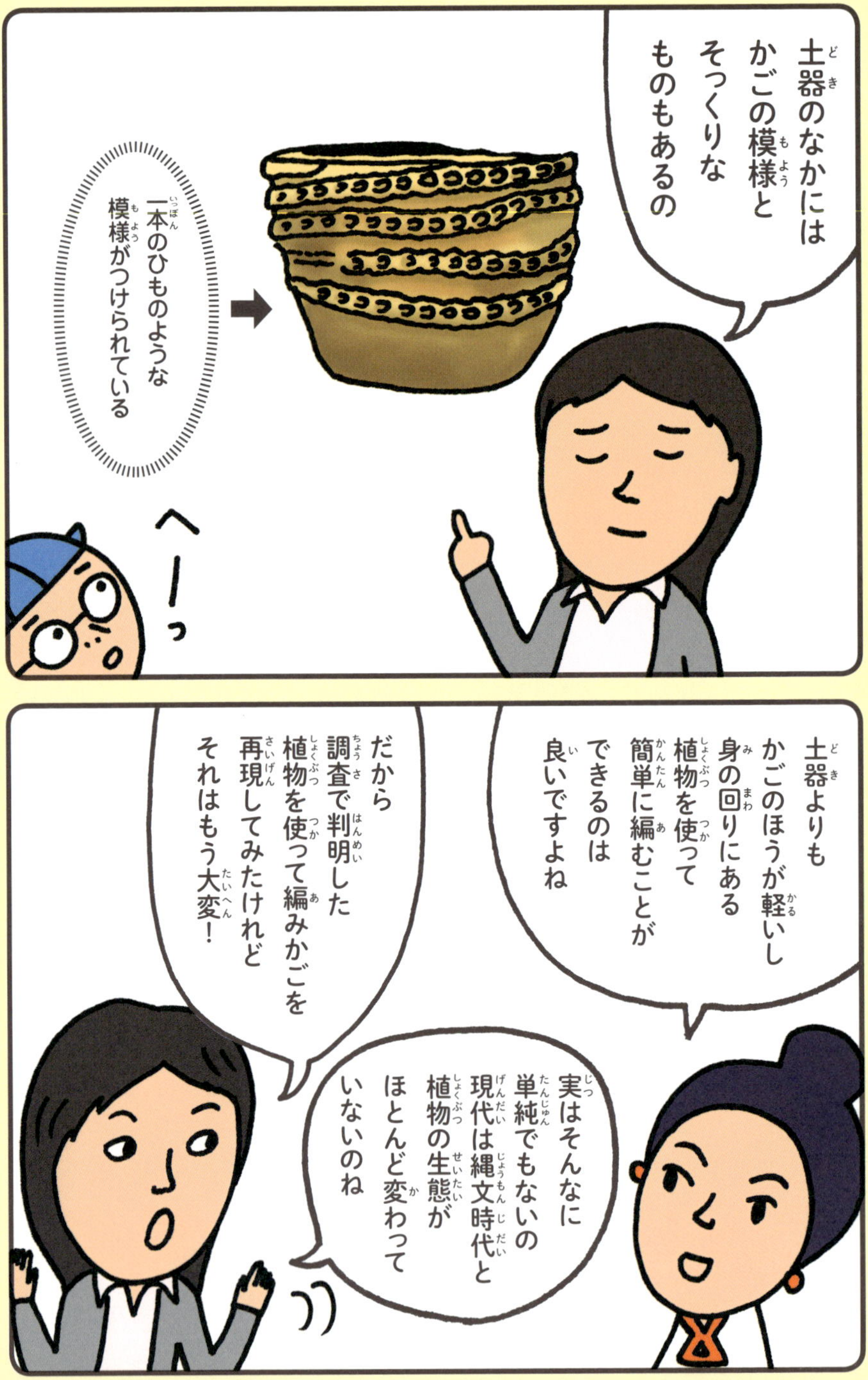

土器《どき》のなかにはかごの模様《もよう》とそっくりなものもあるの
一本《いっぽん》のひものような模様《もよう》がつけられている
へーっ
土器《どき》よりもかごのほうが軽《かる》いし身《み》の回《まわ》りにある植物《しょくぶつ》を使《つか》って簡単《かんたん》に編《あ》むことができるのは良《い》いですよね
だから調査《ちょうさ》で判明《はんめい》した植物《しょくぶつ》を使《つか》って編《あ》みかごを再現《さいげん》してみたけれどそれはもう大変《たいへん》！
実《じつ》はそんなに単純《たんじゅん》でもないの現代《げんだい》は縄文時代《じょうもんじだい》と植物《しょくぶつ》の生態《せいたい》がほとんど変《か》わっていないのね

福岡県《ふくおかけん》の正福寺《しょうふくじ》遺跡《いせき》から見《み》つかったウドカズラっていう植物《しょくぶつ》で作《つく》られたかごを再現《さいげん》しようとしたときツルをたくさん採集《さいしゅう》してヒゴを作《つく》ろうとしたらツルを割《わ》ろうとすると枝分《えだわ》かれしている部分《ぶぶん》で切《き》れてしまい長《なが》い素材《そざい》が取《と》れないそこでウドカズラの気根《きこん》※を使《つか》ってみたの
※気根《きこん》とは、幹《みき》や茎《くき》から空中《くうちゅう》に伸《の》びる根《ね》のこと。
ツル
気根
そうなの…
気根って根っこ!?
まあー!!
編《あ》んでみたらツルよりも断然《だんぜん》しなやかで細《ほそ》くて編《あ》みやすい素材《そざい》だったのそのうえ　このかごは本体《ほんたい》と装飾《そうしょく》が一体《いったい》になったチェーンステッチのような装飾《そうしょく》もほどこされていたの
根《ね》っこでかごが編《あ》めるなんて!!
きゃっステキ!!

これが地域《ちいき》ごとの編《あ》みかごの素材分布図《そざいぶんぷず》よ
彼《かれ》らの素材《そざい》に対《たい》する知識《ちしき》の多《おお》さに驚《おどろ》くわ
なかには0・3㎜の均一《きんいつ》な厚《あつ》さのヒゴを作《つく》って
編《あ》まれているものもあるの
落葉広葉樹林《らくようこうようじゅりん》の
木本植物多用地域《もくほんしょくぶつたようちいき》
ヤマブドウ樹皮・
トチノキ・カバノキ属樹皮《ぞくじゅひ》・
ヒノキ科樹皮《かじゅひ》
タケ亜科《あか》の多用地域《たようちいき》
ササ類《るい》
縄文人《じょうもんじん》たちは、
森《もり》の植物《しょくぶつ》を
知《し》り尽《つ》くしていて、
どの時期《じき》に
どの素材《そざい》を
採集《さいしゅう》すると一番良《いちばんよ》いのか、
自分《じぶん》が思《おも》い描《えが》くかごには
どの素材《そざい》が良《よ》いのか、
ということが
わかっていたんじゃ
ないかしら。

良《よ》い素材《そざい》さえあれば
特別《とくべつ》な道具《どうぐ》はなくても、
口《くち》と手《て》をうまく使《つか》えば
素材《そざい》をするすると
裂《さ》くことができる。
ただよい素材《そざい》は
いつでも手《て》に入《はい》る
わけじゃないから、
常《つね》に森《もり》の中《なか》を歩《ある》いて
材料《ざいりょう》になりそうな植物《しょくぶつ》を
見《み》つけて
ためしに編《あ》んでみたり、
時《とき》には下草《したくさ》を刈《か》って、
植物《しょくぶつ》にとってよい環境《かんきょう》を
整《ととの》えたりしていたのでは、
と思うの。

ユサユサ
よしよし
これちょうどいい…
「あの植物《しょくぶつ》はそろそろ使《つか》い時《どき》になってきたな」なんて言《い》いながら計画的《けいかくてき》に採集《さいしゅう》していたんじゃないかとも考《かんが》えているの
そっか 食《た》べ物《もの》を採集《さいしゅう》したり生活《せいかつ》の道具《どうぐ》を作《つく》るための材料《ざいりょう》を手《て》に入《い》れたり縄文人《じょうもんじん》と森《もり》は切《き》っても切《き》れない関係《かんけい》だったんだね
うわー

だいじょぶ これでよしよし
いたい〜〜
えーん
ペタペタ
えーん
きっと森《もり》には薬屋《くすりや》さんの
役目《やくめ》もあったはず
彼《かれ》らは薬草《やくそう》の知識《ちしき》も豊富《ほうふ》だったと思《おも》う
あっきーそのとおり！
今《いま》みたいにお医者《いしゃ》さんが
いるわけじゃないから
日々《ひび》の暮《く》らしの中《なか》で
薬《くすり》になる植物《しょくぶつ》を知《し》っていて、
状況《じょうきょう》に合《あ》わせて使《つか》っていたのかも
私《わたし》も子《こ》どものころ
ドクダミの葉《は》っぱを
摘《つ》んできて
煎《せん》じて飲《の》んでました
そういえば…

そういう日々《ひび》の暮《く》らしの知恵《ちえ》が縄文人《じょうもんじん》たちの編《あ》みかごを見《み》ていると伝《つた》わってくるの
とにかく植物《しょくぶつ》をとことん知《し》り尽《つ》くして使《つか》いこなす知識《ちしき》と経験《けいけん》と技術《ぎじゅつ》があったからこそ1万年以上《まんねんいじょう》の暮《く》らしが成《な》り立《た》っていったんじゃないかな

それに遊《あそ》び心《ごころ》もあったんじゃないでしょうか作《つく》った縄文人《じょうもんじん》にとっても自分《じぶん》のかごは自慢《じまん》だった気《き》がします
僕《ぼく》この編《あ》みかご大事《だいじ》にするよ
編《あ》みかごは縄文時代《じょうもんじだい》から今《いま》に続《つづ》く大事《だいじ》な手仕事《てしごと》だからね
そうよー

No.3

あっきーの研究《けんきゅう》まとめノート 植物考古編《しょくぶつこうこへん》

- ! 圧痕《あっこん》レプリカ法《ほう》で土器《どき》の穴《あな》を観察《かんさつ》すると、縄文時代《じょうもんじだい》にどんな植物《しょくぶつ》があったのかがわかる!
- ! 8000年前《ねんまえ》ごろには、大《おお》きくておしゃれなかごがたくさん作《つく》られていた。
- ! 縄文人《じょうもんじん》たちは、植物《しょくぶつ》のことをとてもよく知《し》っている植物《しょくぶつ》博士《はかせ》だった!

こんちゃんはこう思《おも》う!

圧痕《あっこん》レプリカ法《ほう》によって、今《いま》まで知《し》られていなかった縄文時代《じょうもんじだい》の植物《しょくぶつ》の生態《せいたい》が明《あき》らかになってきていることにワクワク。土器《どき》に開《あ》いた穴《あな》がその鍵《かぎ》を握《にぎ》っていることも面白《おもしろ》いですね。植物《しょくぶつ》を材料《ざいりょう》にしたかごのようなものは日本列島《にっぽんれっとう》の気候《きこう》や土壌《どじょう》の条件《じょうけん》では残《のこ》りにくいので残念《ざんねん》ですが、きっと東名《ひがしみょう》遺跡《いせき》のように各地《かくち》でかご作《づく》りが盛《さか》んに行《おこな》われていたのでは? そして、現在残《げんざいのこ》る編《あ》みかごの産地《さんち》は縄文時代《じょうもんじだい》から続《つづ》いているのではないでしょうか。すべての生活道具《せいかつどうぐ》を自分《じぶん》の手《て》で作《つく》り出《だ》す縄文人《じょうもんじん》は、植物《しょくぶつ》を知《し》り、森《もり》を知《し》って、それをうまく使《つか》いこなすことで、1万年《まんねん》という長《なが》い時間《じかん》を生《い》き抜《ぬ》けたのだと思《おも》いました。

図《ず》解《かい》まんが

4

土偶《どぐう》に秘《ひ》められた縄文人《じょうもんじん》の願《ねが》いとは何《なん》だ!?

考古学者《こうこがくしゃ》
上野修一先生《うえのしゅういちせんせい》

僕《ぼく》が縄文人《じょうもんじん》だったら
好《す》きな女《おんな》の子《こ》を
モデルにして
作《つく》ったりして……
へへへ…

栃木県埋蔵文化財《とちぎけんまいぞうぶんかざい》センター
土偶《どぐう》の研究《けんきゅう》をしている
上野修一《うえのしゅういち》先生《せんせい》に
お話《はなし》を聞《き》きましょう
土偶《どぐう》に
会《あ》えるぞ！
本物《ほんもの》の土偶《どぐう》が
並《なら》んでる
土偶《どぐう》って全国《ぜんこく》で
どのくらい
見《み》つかって
いるの？
日本《にっぽん》では
今《いま》のところ
約《やく》2万点《まんてん》
なんだって!!

そんなにたくさん！
でも、縄文時代《じょうもんじだい》が1万《まん》3000年《ねん》も続《つづ》いたことを考《かんが》えると1年《ねん》に約《やく》2点《てん》しか作《つく》られていないことになるね
ほらっ
へー
1.53
13000) 20000
13
70
65
50
39
11
そう聞《き》くと全然《ぜんぜん》多《おお》くないや
逆《ぎゃく》にとても少《すく》ないってことになるのか
特別《とくべつ》なものって思《おも》えてくるよね
知《し》りたいことがどんどん増《ふ》えてくるね

ふたりとも よく来《き》たねー
やあ やあ
先生《せんせい》 こんにちは
土偶《どぐう》のことを たくさん聞《き》きたいです よろしくお願《ねが》いします

土偶《どぐう》って どうやって作《つく》られたんですか?
変《へん》な顔《かお》やポーズを しているのは どうしてですか?

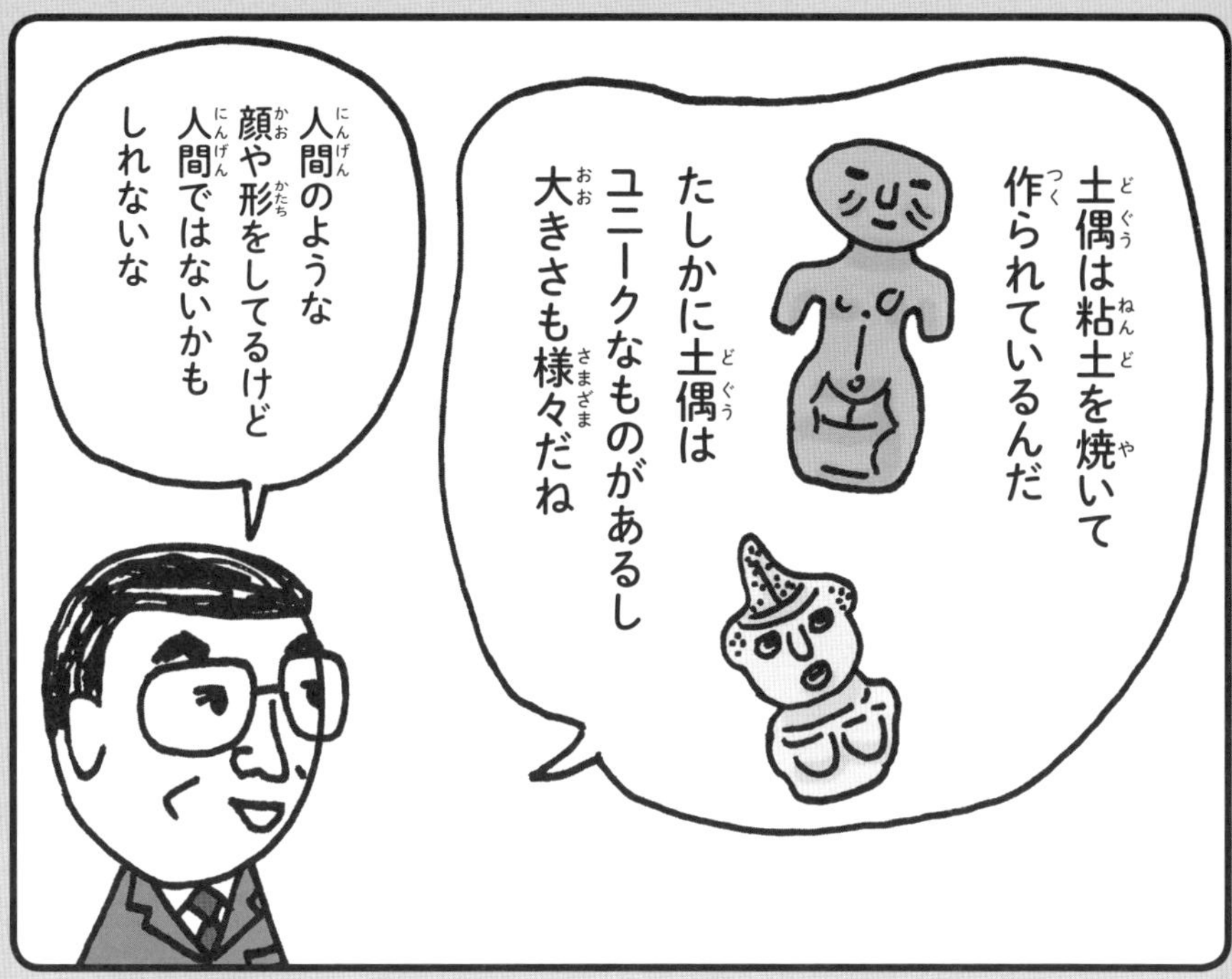

土偶《どぐう》は粘土《ねんど》を焼《や》いて作《つく》られているんだ
たしかに土偶《どぐう》はユニークなものがあるし大《おお》きさも様々《さまざま》だね
人間《にんげん》のような顔《かお》や形《かたち》をしてるけど人間《にんげん》ではないかもしれないな

先生《せんせい》は土偶《どぐう》をどんなふうに研究《けんきゅう》していますか？
その前《まえ》に考古学《こうこがく》って聞《き》いたことあるかい？
え～とコウコガク…

文字《もじ》で記録《きろく》が残《のこ》されていない時代《じだい》のことを
調《しら》べる学問《がくもん》は一《ひと》つではないけれど
考古学《こうこがく》の大《おお》きな特徴《とくちょう》は
土《つち》の中《なか》から出《で》てきた土器《どき》や石器《せっき》など
さまざまな生活道具《せいかつどうぐ》を調査《ちょうさ》することで
当時《とうじ》の暮《く》らしを解《と》き明《あ》かすんだ

縄文人《じょうもんじん》が作《つく》った土器《どき》ってかっこいいよね！
食《た》べ物《もの》を煮《に》たり保存《ほぞん》したりするのに使《つか》ったんでしょ！
よく知《し》ってるね　土器《どき》そのものの美《うつく》しさはもちろん日本《にっぽん》の考古学《こうこがく》にとって大事《だいじ》なのは土器《どき》で時代《じだい》がわかるということなんだよ
すごいな
うーん
土器《どき》で時代《じだい》がわかるってどういうこと？
それはこういうこと……
パラリ

参考《さんこう》：『展示品《てんじひん》解説《かいせつ》　考古資料《こうこしりょう》』国際基督教大学博物館《こくさいきりすときょうだいがくはくぶつかん》・湯浅八郎記念館《ゆあさはちろうきねんかん》

このあたりが縄文《じょうもん》時代《じだい》だよ
ほらねっ
▼現在《げんざい》の地表《ちひょう》
中期《ちゅうき》
前期《ぜんき》
早期《そうき》
古《ふる》い時代《じだい》の土《つち》の上《うえ》に長《なが》い年月《ねんげつ》をかけて土《つち》が積《つ》み重《かさ》なった結果《けっか》、一番上《いちばんうえ》が今私《いまわたし》たちが生活《せいかつ》している地表《ちひょう》なんだ。
土器《どき》は、研究者《けんきゅうしゃ》たちの長年《ながねん》の努力《どりょく》で形《かたち》や文様《もんよう》によって、どの時代《じだい》に作《つく》られたものなのかが解明《かいめい》されている。それを目安《めやす》に、地中《ちちゅう》に埋《う》まっている土器《どき》を観察《かんさつ》すると、その地層《ちそう》がいつの時代《じだい》かがわかるんだ。

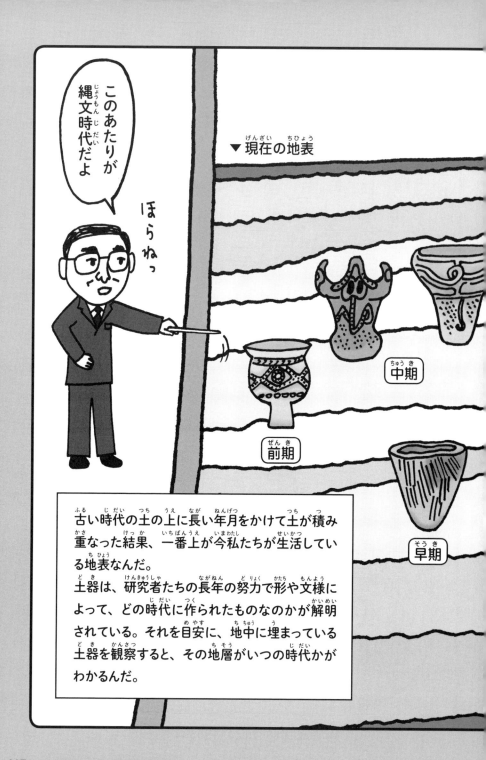

土器《どき》で時代《じだい》がわかるってそういうことか!
もちろん文字《もじ》がある時代《じだい》のこともわかるんだよ
たとえばこれは…灰釉陶器《かいゆうとうき》※だから平安時代《へいあんじだい》のものだとかってね
なるほど〜
トン
※植物灰《しょくぶつはい》を水《みず》に溶《と》かした釉薬《ゆうやく》をかけ、焼成《しょうせい》された陶器《とうき》。

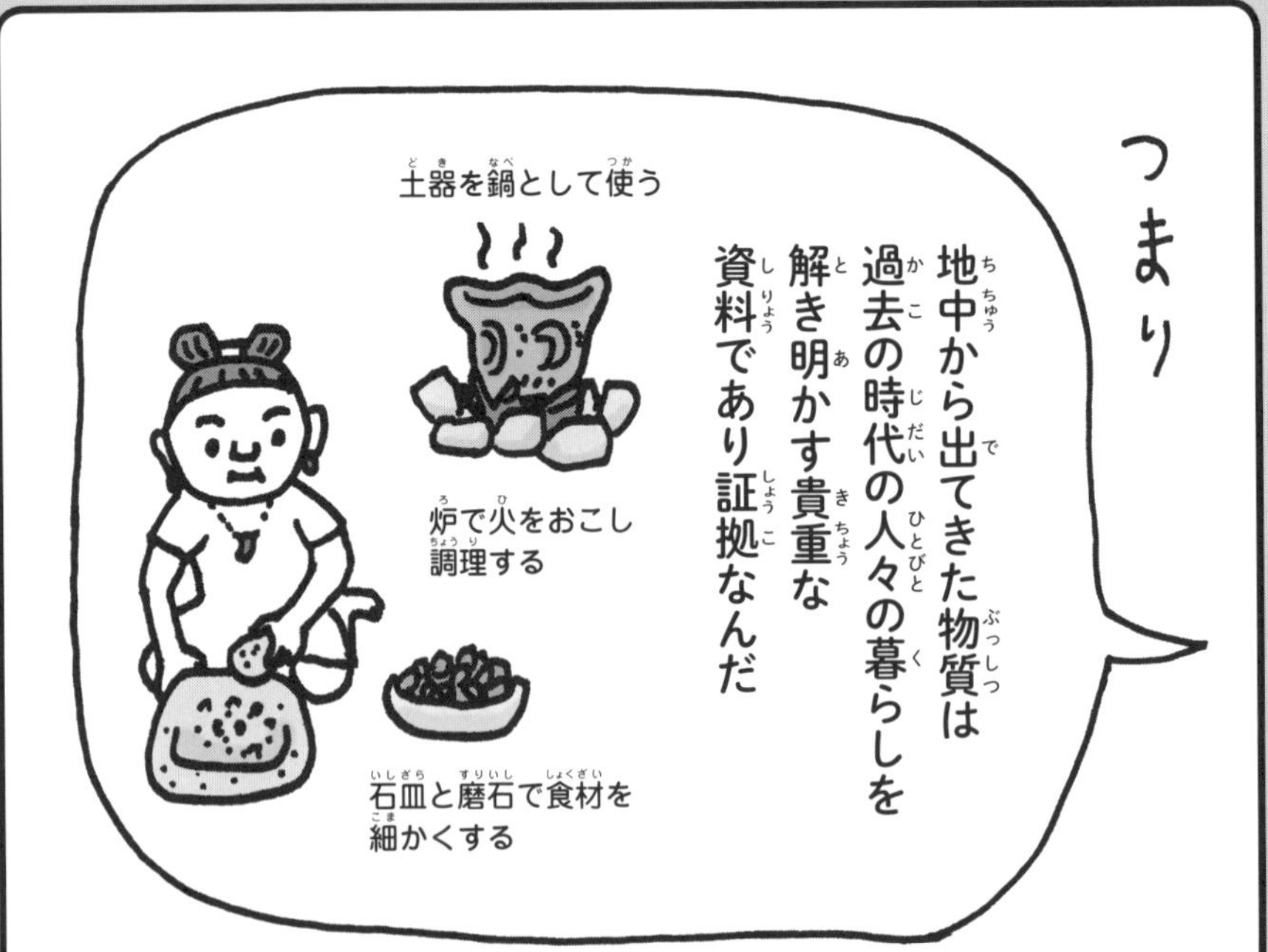
つまり
地中《ちちゅう》から出《で》てきた物質《ぶっしつ》は過去《かこ》の時代《じだい》の人々《ひとびと》の暮《く》らしを解《と》き明《あ》かす貴重《きちょう》な資料《しりょう》であり証拠《しょうこ》なんだ
土器《どき》を鍋《なべ》として使《つか》う
炉《ろ》で火《ひ》をおこし調理《ちょうり》する
石皿《いしざら》と磨石《すりいし》で食材《しょくざい》を細《こま》かくする

さらに
日本《にっぽん》は「文化財保護法《ぶんかざいほごほう》」という国《くに》の法律《ほうりつ》があって遺跡《いせき》から出土《しゅつど》したものがきちんと調査《ちょうさ》されているんだよ
「文化財保護法《ぶんかざいほごほう》」ここがスゴイ！
昭和《しょうわ》25年《ねん》（1950年《ねん》）に文化財《ぶんかざい》を保護《ほご》し、その活用《かつよう》を図《はか》ることによって、国民《こくみん》の文化的向上《ぶんかてきこうじょう》、ひいては世界文化《せかいぶんか》の進歩《しんぽ》に貢献《こうけん》することを目的《もくてき》に法律《ほうりつ》が制定《せいてい》されました。それをもとに、個人《こじん》の土地《とち》でも土器《どき》や石器《せっき》が出土《しゅつど》した場合《ばあい》、埋蔵物《まいぞうぶつ》として警察《けいさつ》に届《とど》けることが定《さだ》められました。また、遺跡《いせき》から発掘《はっくつ》する方法《ほうほう》や基準《きじゅん》が全国的《ぜんこくてき》に統一《とういつ》され、日本《にっぽん》のどの地域《ちいき》でどんなものが出土《しゅつど》したのか、情報《じょうほう》が整理《せいり》され、各地域《かくちいき》の特徴《とくちょう》も比《くら》べやすくなりました。

世界中《せかいじゅう》がそんな仕組《しく》みになっているの？
いや日本独特《にっぽんどくとく》といっていいだろうね
しかしこれは考古学《こうこがく》の研究《けんきゅう》にとってとても大切《たいせつ》なことなんだよ
ぐぐっ
うむうむ

先生《せんせい》は、どうして考古学者《こうこがくしゃ》になったんですか？
それはね〜自然豊《しぜんゆた》かな場所《ばしょ》で育《そだ》って……
小学《しょうがく》5年生《ねんせい》のころから畑《はたけ》の片隅《かたすみ》に積《つ》み上《あ》げられていた土器片《どきへん》を集《あつ》めたりして……
家《いえ》には地元《じもと》の歴史《れきし》の本《ほん》もたくさんあったしね〜

【上野《うえの》修一《しゅういち》先生《せんせい》解剖図《かいぼうず》】

専門《せんもん》は日本考古学《にっぽんこうこがく》
特《とく》に縄文時代《じょうもんじだい》の人《ひと》の交流《こうりゅう》や
土偶《どぐう》などの祭《まつ》りで使《つか》われる
道具《どうぐ》についての研究《けんきゅう》

出身《しゅっしん》は栃木県那須烏山市《とちぎけんなすからすやまし》
縄文時代中期《じょうもんじだいちゅうき》の遺跡《いせき》が
2㎞おきに
並《なら》んでいる地域《ちいき》だった

子《こ》どものころから
コレクター
集《あつ》めて分類《ぶんるい》
するのが大好《だいす》き

好奇心旺盛《こうきしんおうせい》なハートの持《も》ち主《ぬし》
トンボの羽化《うか》を観察《かんさつ》して
小学校《しょうがっこう》に遅刻《ちこく》した経験《けいけん》あり

三度《さんど》の飯《めし》より
土偶《どぐう》が好《す》き

お気《き》に入《い》りは
山形土偶《やまがたどぐう》と
ハート形土偶《がたどぐう》

先生《せんせい》の研究室《けんきゅうしつ》を見《み》せていただけませんか？
さぁ
こっちの部屋《へや》でスタッフが今《いま》作業《さぎょう》しているよ
そっちにも土偶《どぐう》がいるの？

カシャ
出土《しゅつど》したものは研究者《けんきゅうしゃ》が3D《スリーディー》カメラで撮影《さつえい》するんだよ
3D《スリーディー》って？
撮影《さつえい》した画像《がぞう》が立体的《りったいてき》に再現《さいげん》されるのよ

とっても細《こま》かくなぞっているよ
気《き》が遠《とお》くなる作《さ》業《ぎょう》……
カメラで撮《と》った画《が》像《ぞう》をプリントしてその上《うえ》に透《す》ける紙《かみ》をのせて書《か》き写《うつ》す作《さ》業《ぎょう》をしているんだ
調《しら》べたことは発《はっ》掘《くつ》調《ちょう》査《さ》報《ほう》告《こく》書《しょ》にまとめるんだ
それを読《よ》めば誰《だれ》でもその遺《い》跡《せき》について知《し》ることができるんですね
それは何《なに》？

ところであっきーは土偶《どぐう》を見《み》て気《き》がついたことはあるかな？
よく見《み》るとお腹《なか》が膨《ふく》らんだ土偶《どぐう》が多《おお》いのかなー？
土偶《どぐう》は妊娠《にんしん》した女性《じょせい》を表現《ひょうげん》しているといわれることが多《おお》いんだよ
う〜ん
あっきースゴイ！
パチパチ
私《わたし》はね〜縄文《じょうもん》時《じ》代《だい》の人《ひと》たちは女神《めがみ》の姿《すがた》を作《つく》りたかったんじゃないかと思《おも》っているんだ
でもその姿《すがた》はわからない
そこで人間《にんげん》に似《に》せて作《つく》ることもあれば人間《にんげん》とは思《おも》えない不思議《ふしぎ》な姿《すがた》や動物《どうぶつ》のような顔《かお》にすることもあったんじゃないかな〜

先生《せんせい》は土偶《どぐう》は誰《だれ》のものだったと思《おも》いますか?
いろんな説《せつ》があるけれど今《いま》までに発見《はっけん》された合計数《ごうけいすう》が少《すく》ないことを考《かんが》えると一緒《いっしょ》に生活《せいかつ》しているみんなのものだっただろうね
ミニチュアのように小《ちい》さなものもあるけれど子《こ》どもが土偶《どぐう》を作《つく》る練習《れんしゅう》でもしていたのかもしれないよ
ほらっ
それなら僕《ぼく》にも作《つく》れるよねっ!!
ほんとだー
小さい

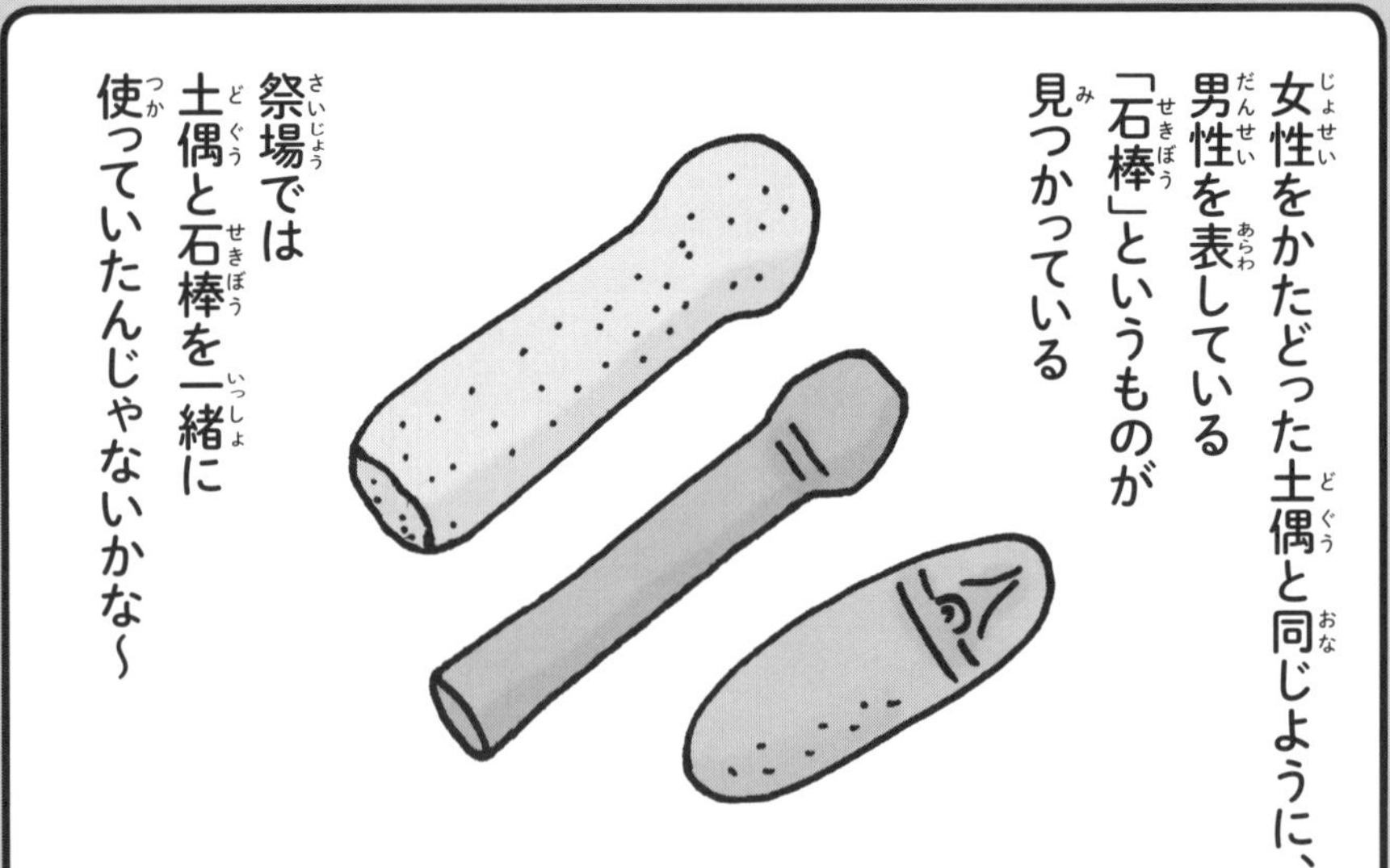

男性器《だんせいき》に見立《みた》てた石《いし》の道具《どうぐ》の一種《いっしゅ》で、表面《ひょうめん》が磨《みが》かれているものが多《おお》いようです。
縄文時代後期以降《じょうもんじだいこうきいこう》、主《おも》に東日本《ひがしにほん》で石棒作《せきぼうづく》りが盛《さか》んになりました。

たとえばこんなふうに想像《そうぞう》しているんだ……
一年《いちねん》の中《なか》でも特別《とくべつ》な日《ひ》
土偶《どぐう》と石棒《せきぼう》を持《も》った人《ひと》たちが
祈《いの》りを捧《ささ》げている
それは食料確保《しょくりょうかくほ》の成功《せいこう》や
安産祈願《あんざんきがん》などきびしい環境《かんきょう》を
生《い》きぬくための願《ねが》いを
土偶《どぐう》と石棒《せきぼう》に
託《たく》していたのかもしれない

ドン
ドン
ジュー
バキバキッ
シュー
わー
ついに祭《まつ》りが最高潮《さいこうちょう》に達《たっ》したときに……土偶《どぐう》や石棒《せきぼう》は壊《こわ》された……
え？ 壊《こわ》しちゃうの？
もったいないよー
そしてそれぞれの祈《いの》りの場所《ばしょ》に持《も》ち帰《かえ》られてはじめて土偶《どぐう》や石棒《せきぼう》の役割《やくわり》が完結《かんけつ》したんじゃないかな～

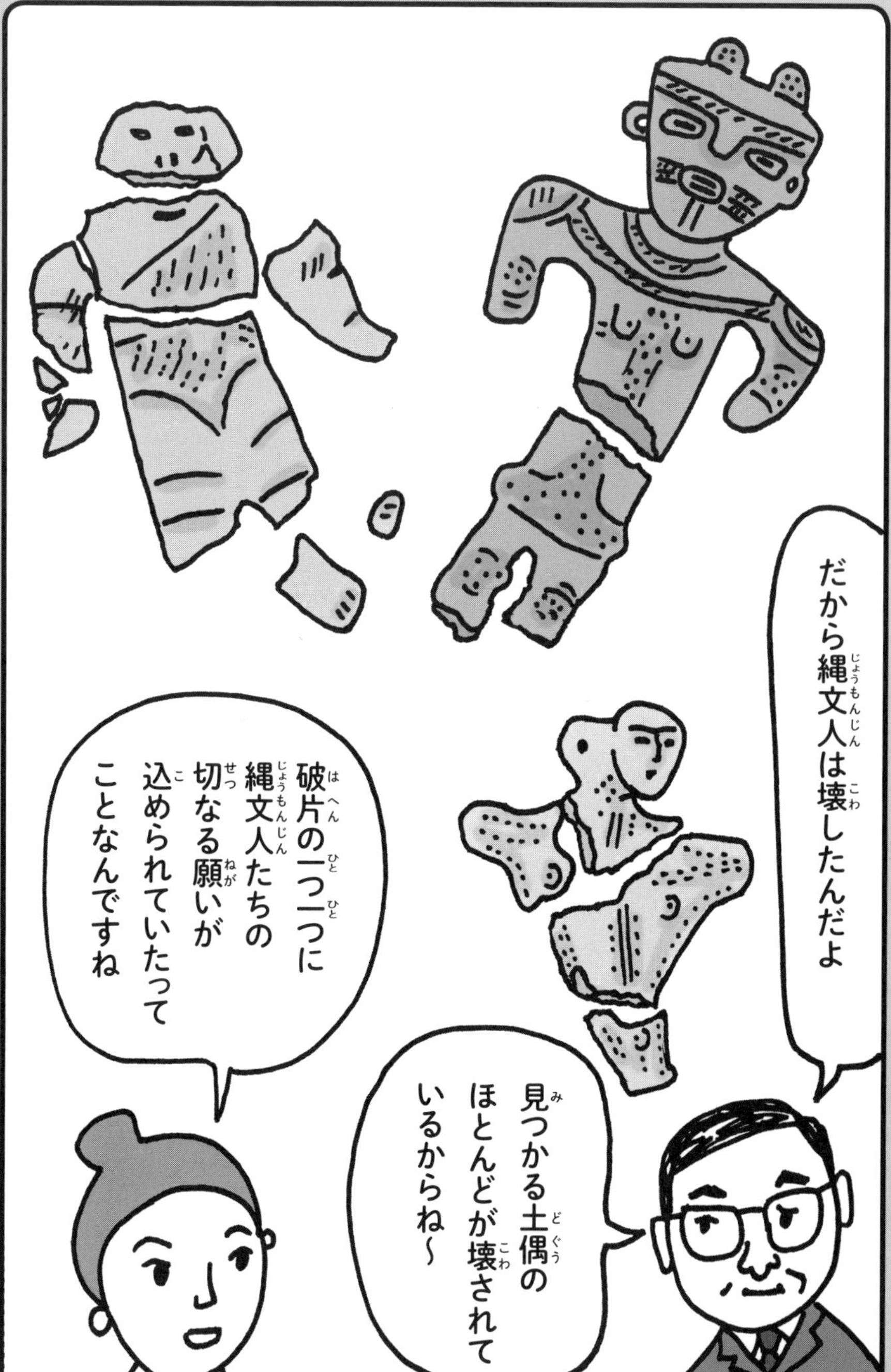
だから縄文人《じょうもんじん》は壊《こわ》したんだよ
見《み》つかる土偶《どぐう》のほとんどが壊《こわ》されているからね〜
破片《はへん》の一《ひと》つ一《ひと》つに縄文人《じょうもんじん》たちの切《せつ》なる願《ねが》いが込《こ》められていたってことなんですね

ところで先生《せんせい》
土偶《どぐう》って何種類《なんしゅるい》
ぐらいあるの？
型《かた》にはまらないものも
あるけれど、縄文《じょうもん》時代《じだい》
中期《ちゅうき》以降《いこう》に特徴《とくちょう》のある
土偶《どぐう》がたくさん作《つく》られたよ
土偶《どぐう》を丹念《たんねん》に
調《しら》べていくと
時代《じだい》や地域性《ちいきせい》が
見《み》えてくるんだよ
←―― 中期
十字《じゅうじ》形《がた》土偶《どぐう》
ハート形《がた》土偶《どぐう》
縄文《じょうもん》中期《ちゅうき》から晩期《ばんき》に
かけての代表的《だいひょうてき》な
土偶《どぐう》の形《かたち》
円錐《えんすい》形《がた》土偶《どぐう》
筒《つつ》形《がた》土偶《どぐう》

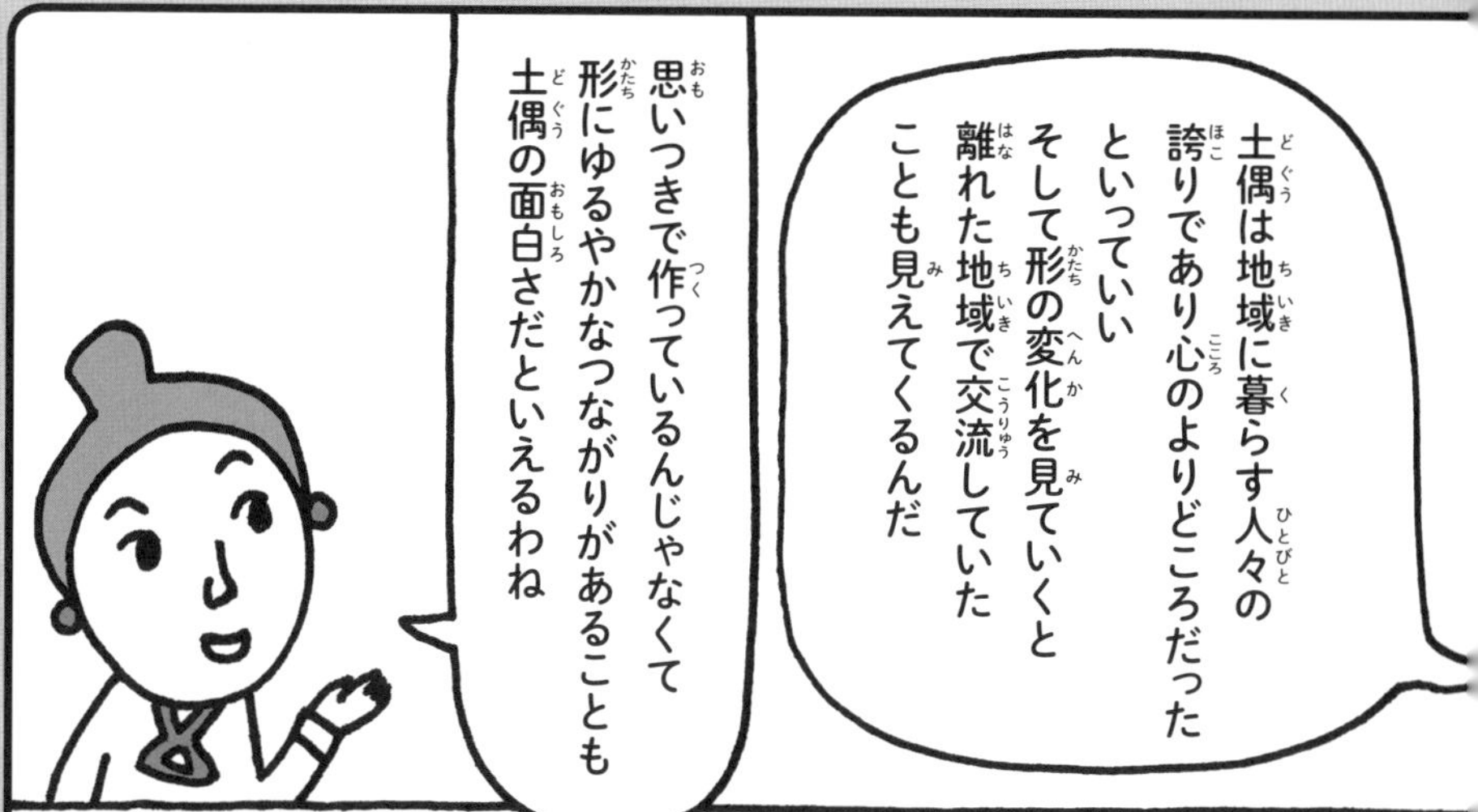
土偶《どぐう》は地域《ちいき》に暮《く》らす人々《ひとびと》の
誇《ほこ》りであり心《こころ》のよりどころだった
といっていい
そして形《かたち》の変化《へんか》を見《み》ていくと
離《はな》れた地域《ちいき》で交流《こうりゅう》していた
ことも見《み》えてくるんだ
思《おも》いつきで作《つく》っているんじゃなくて
形《かたち》にゆるやかなつながりがあることも
土偶《どぐう》の面白《おもしろ》さだといえるわね

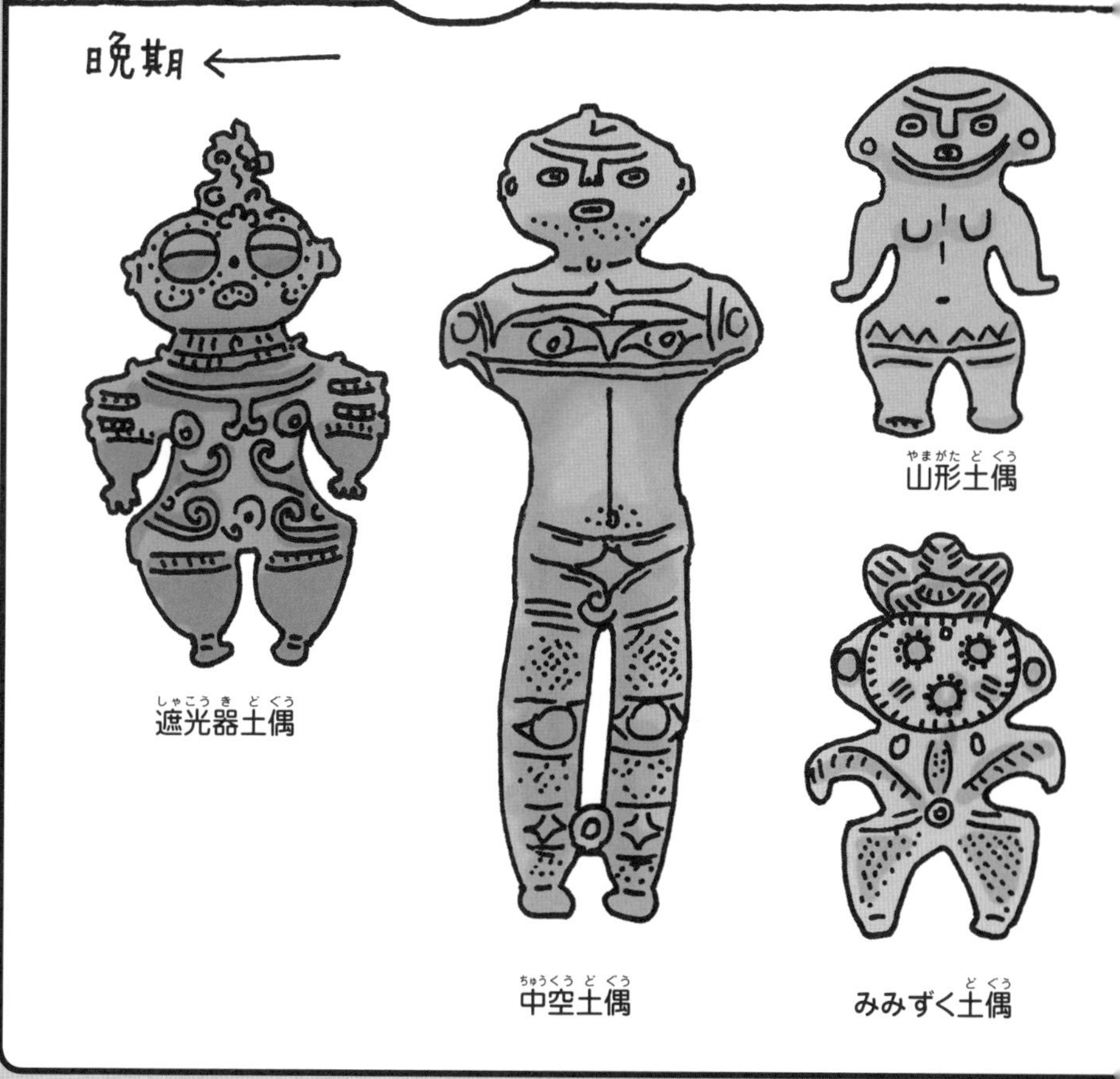
山形土偶《やまがたどぐう》
みみずく土偶《どぐう》
中空土偶《ちゅうくうどぐう》
遮光器土偶《しゃこうきどぐう》
晩期

研究室《けんきゅうしつ》を出《で》ると廊下《ろうか》には……
いっぱい出土物《しゅつどぶつ》の箱《はこ》が並《なら》んでいるね
これ全部《ぜんぶ》調《しら》べるの？
そうだよ集《あつ》めて分類《ぶんるい》する！これが研究者《けんきゅうしゃ》の基本《きほん》なんだ!!
考古学《こうこがく》のこと少《すこ》しわかった気《き》がします！
さようなら〜
私《わたし》たちの足下《あしもと》にはたくさんの宝《たから》が眠《ねむ》っているってことがわかりました

No.4

あっきーの

研究《けんきゅう》まとめノート

考古学編《こうこがくへん》

- 土器《どき》は時代《じだい》を知《し》るための物差《ものさ》し。
- 中期以降《ちゅうきいこう》、様々《さまざま》な形《かたち》の土偶《どぐう》が作《つく》られるようになった！
- 土偶《どぐう》を使《つか》って縄文時代《じょうもんじだい》は祭《まつ》りをして、お祈《いの》りをしていた。
- その集落《しゅうらく》にとって土偶《どぐう》は宝物《たからもの》だったのかも！

こんちゃんはこう思《おも》う！

日本《にっぽん》の考古学《こうこがく》は、世界的《せかいてき》に見《み》ても出土品《しゅつどひん》をとても細《こま》かく分類《ぶんるい》し、整理《せいり》していることがわかりました。それを支《ささ》えているのが、土器《どき》を使《つか》っての年代《ねんだい》判定《はんてい》。文字《もじ》のない時代《じだい》を知《し》る指標《しひょう》として確立《かくりつ》され、日本考古学《にっぽんこうこがく》の基礎《きそ》になったんですね。土偶《どぐう》は祭《まつ》りの場《ば》で祈《いの》りの道具《どうぐ》として使《つか》われ、壊《こわ》された後《あと》、それぞれの場所《ばしょ》に持《も》ち帰《かえ》られることによって役割《やくわり》が完結《かんけつ》した可能性《かのうせい》がある、ということも初《はじ》めて知《し》りました。そして、上野先生《うえのせんせい》のお話《はなし》を聞《き》いて、いずれにしても、土偶《どぐう》はその集落《しゅうらく》に暮《く》らす人々《ひとびと》の心《こころ》のよりどころであり、縄文人《じょうもんじん》の願《ねが》い事《ごと》を托《たく》す大切《たいせつ》な存在《そんざい》だったんだなと感《かん》じられました。

こんちゃんの もっと 楽《たの》しくなる土偶図鑑《どぐうずかん》

土偶大好《どぐうだいす》き女子《じょし》のこんちゃんが、面白土偶《おもしろどぐう》を解説《かいせつ》！
楽《たの》しい観察方法《かんさつほうほう》も伝授《でんじゅ》します。

国宝《こくほう》

仮面《かめん》の女神《めがみ》

仮面《かめん》が私《わたし》のトレードマーク

逆三角形《ぎゃくさんかくけい》の仮面《かめん》をつけていると考《かんが》えられています。身体《からだ》の中《なか》は空洞《くうどう》で焼《や》くときに空気《くうき》が膨張《ぼうちょう》して破裂《はれつ》しないよう、6つの穴《あな》が開《あ》けられています。鈍《にぶ》く黒光《くろびか》りする身体《しんたい》には美《うつく》しい幾何学模様《きかがくもよう》がほどこされ、威厳《いげん》をかもし出《だ》しています。

頭《あたま》に仮面《かめん》をつける紐《ひも》が粘土《ねんど》で表現《ひょうげん》されています。どっしりとした下半身《かはんしん》のおかげで自立可能《じりつかのう》。2つのコブはお尻《しり》を表現《ひょうげん》しているとか。

時代《じだい》　縄文後期《じょうもんこうき》
出身地《しゅっしんち》　長野県茅野市《ながのけんちのし》・中《なか》ッ原遺跡《ばらいせき》
サイズ　高《たか》さ34.0cm
所蔵《しょぞう》　茅野市《ちのし》
ふだんはココにいるよ！／茅野市尖石縄文考古館《ちのしとがりいしじょうもんこうこかん》

ふだんはココにいるよ！／
掲載した土偶を展示している資料館・博物館を紹介しています。
時期によっては展示されていない場合もあります。

国宝《こくほう》になった土偶《どぐう》5体《たい》を紹介《しょうかい》するね

およそ2万点《まんてん》見《み》つかっている土偶《どぐう》の中《なか》で、国宝《こくほう》になっているのはわずか5体《たい》。どれも美《うつく》しく、細《こま》かい部分《ぶぶん》まで丁寧《ていねい》に作《つく》られています。

ジャガイモ畑《ばたけ》から見《み》つかりました

国宝《こくほう》

中空土偶《ちゅうくうどぐう》

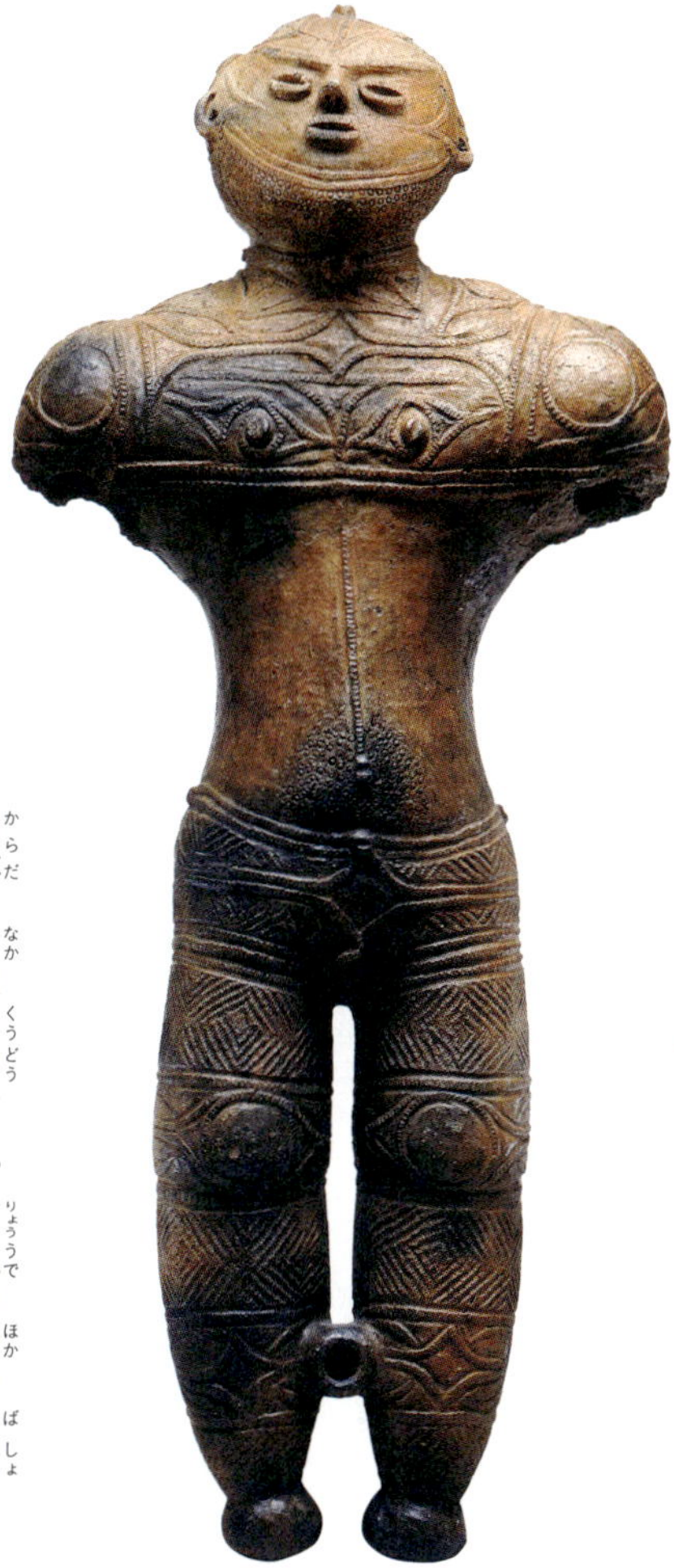

身体《からだ》の中《なか》は空洞《くうどう》です。両腕《りょううで》は他《ほか》の場所《ばしょ》で壊《こわ》されて見《み》つかっていません。ズボンを履《は》いているようなデザインが特徴的《とくちょうてき》。両脚《りょうあし》をつなぐ管《くだ》は焼《や》く時《とき》の熱《あつ》い空気《くうき》を循環《じゅんかん》させるために作《つく》られました。縄文人《じょうもんじん》の焼《や》き物《もの》の高《たか》い技術《ぎじゅつ》です。

後頭部《こうとうぶ》にも細《こま》かい模様《もよう》が施《ほどこ》され、丁寧《ていねい》に作《つく》られたことがわかります。背中《せなか》のくるっとしたワラビ模様《もよう》が、かわいらしいですね。

時代《じだい》　縄文後期《じょうもんこうき》

出身地《しゅっしんち》　北海道函館市《ほっかいどうはこだてし》・著保内野遺跡《ちょぼないのいせき》

サイズ　高《たか》さ41.5cm

所蔵《しょぞう》　函館市《はこだてし》

ふだんはココにいるよ！／函館市縄文文化交流《はこだてしじょうもんぶんかこうりゅう》センター

土偶《どぐう》の面白《おもしろ》い観察方法《かんさつほうほう》を教《おし》えるよ

まずは正面《しょうめん》をじっくり見《み》る。その際《さい》、土偶《どぐう》と目線《めせん》を合《あ》わせるのがポイント。次《つぎ》に後《うし》ろ姿《すがた》も観察《かんさつ》する。前後《ぜんご》の違《ちが》いを見《み》つけるのが楽《たの》しい!

国宝《こくほう》

合掌土偶《がっしょうどぐう》

祈《いの》りよとどけ!

合掌《がっしょう》しているように見《み》えることから愛称《あいしょう》がつきました。頬《ほほ》に赤《あか》く塗《ぬ》られた痕《あと》があり、作《つく》られた当時《とうじ》は全身《ぜんしん》が真《ま》っ赤《か》だったようです。足《あし》には縄文時代《じょうもんじだい》に接着剤《せっちゃくざい》として使《つか》われた天然《てんねん》のアスファルトで修復《しゅうふく》した痕《あと》があります。

時代《じだい》　縄文後期《じょうもんこうき》
出身地《しゅっしんち》　青森県八戸市《あおもりけんはちのへし》・風張《かざはり》1遺跡《いせき》
サイズ　高《たか》さ19.8cm
所蔵《しょぞう》　八戸市《はちのへし》

ふだんはココにいるよ!
八戸市埋蔵文化財《はちのへしまいぞうぶんかざい》センター
是川縄文館《これかわじょうもんかん》

少《すこ》し開《ひら》いた足《あし》の奥《おく》には、女性《じょせい》器《き》も作《つく》られています。その様子《ようす》から、座産《ざさん》(座《すわ》って出産《しゅっさん》すること)を表現《ひょうげん》しているとも考《かんが》えられています。

仮面《かめん》がつけられたような顔《かお》。意外《いがい》と鼻《はな》も高《たか》くて唇《くちびる》が前《まえ》に出《で》ていることがわかります。

一度《いちど》つけた縄文《じょうもん》をデザインに合《あ》わせて磨《す》り消《け》す「磨消縄文《すりけしじょうもん》」が使《つか》われた美《うつく》しい背中《せなか》。

お尻《しり》の穴《あな》もあります。足《あし》の割《わ》れている部分《ぶぶん》に天然《てんねん》アスファルトで補修《ほしゅう》した痕《あと》を発見《はっけん》。

※写真《しゃしん》はレプリカです

腕《うで》のゆるやかな湾曲《わんきょく》具合《ぐあい》を見《み》てください。頭《あたま》のてっぺんまで模様《もよう》が入《はい》っています。

※写真《しゃしん》はレプリカです

広《ひろ》げた短《みじか》い両腕《りょううで》から続《つづ》くひかえめな乳房《ちぶさ》には、首《くび》とおそろいの模様《もよう》が入《はい》っています。不思議《ふしぎ》なことに顔《かお》は作《つく》られていません。下半身《かはんしん》はどっしりとした角《かど》ばった柱状《ちゅうじょう》で、横《よこ》から見《み》ると裾《すそ》が大《おお》きく広《ひろ》がって安定感《あんていかん》があります。

国宝《こくほう》

縄文《じょうもん》の女神《めがみ》

八頭身美人《はっとうしんびじん》といわれています

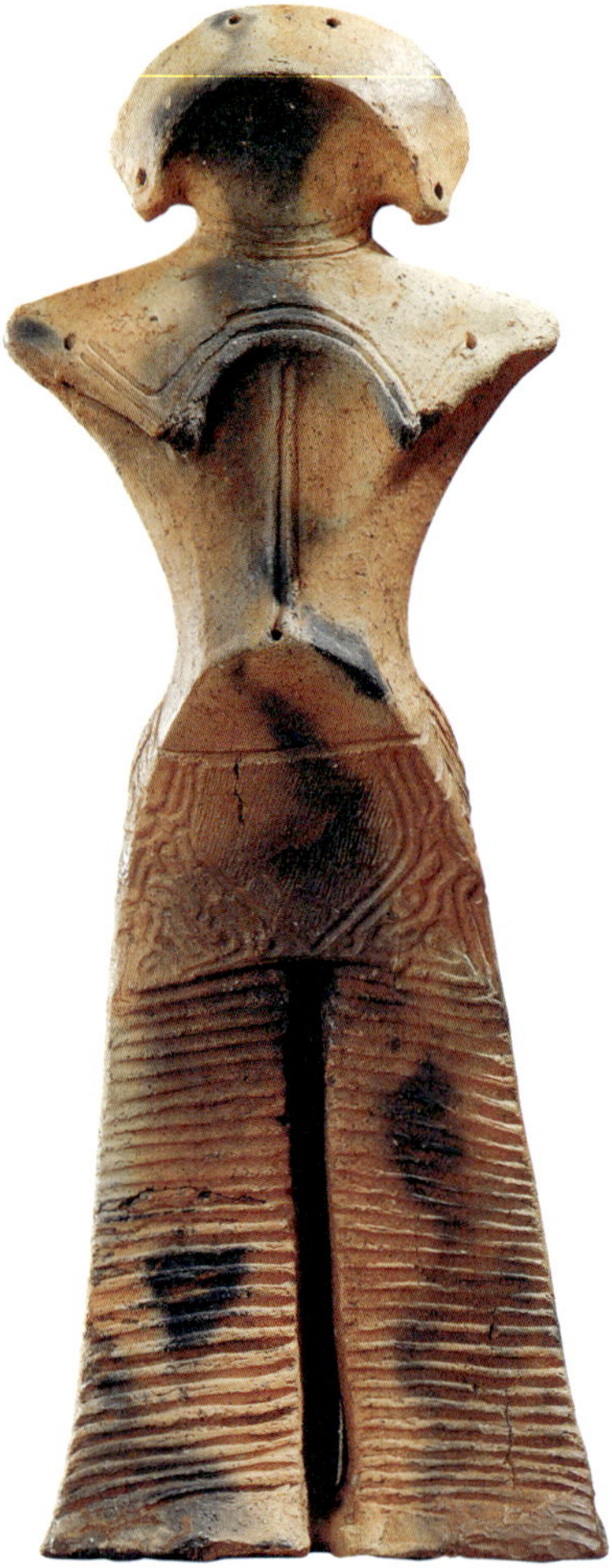

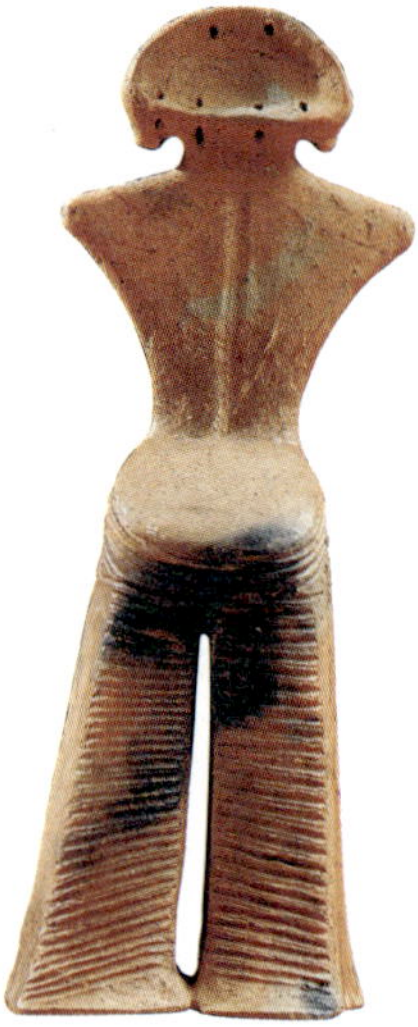

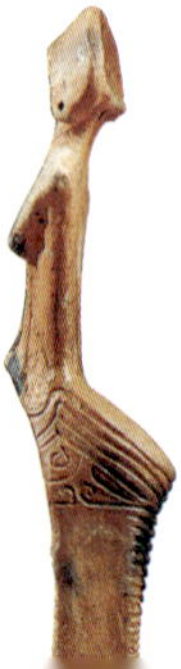

時代《じだい》 縄文中期《じょうもんちゅうき》
出身地《しゅっしんち》 山形県最上郡舟形町《やまがたけんもがみぐんふながたまち》・西《にし》ノ前遺跡《まえいせき》
サイズ 高《たか》さ45.0cm
所蔵《しょぞう》 山形県《やまがたけん》

ふだんはココにいるよ!/山形県立博物館《やまがたけんりつはくぶつかん》

背筋《せすじ》もきちんと表現《ひょうげん》しています。頭部《とうぶ》にはいくつかの穴《あな》が開《あ》いていて、鳥《とり》の羽《はね》を挿《さ》していたともいわれています。とにかく足《あし》が長《なが》い!

縄文《じょうもん》の美女《びじょ》たち！

同《おな》じ縄文時代中期《じょうもんじだいちゅうき》に作《つく》られた土偶《どぐう》です。丸《まる》いシルエットのビーナスと、キリッとした女神《めがみ》。どちらも美女《びじょ》の貫禄満点《かんろくまんてん》です。

国宝《こくほう》

縄文《じょうもん》のビーナス

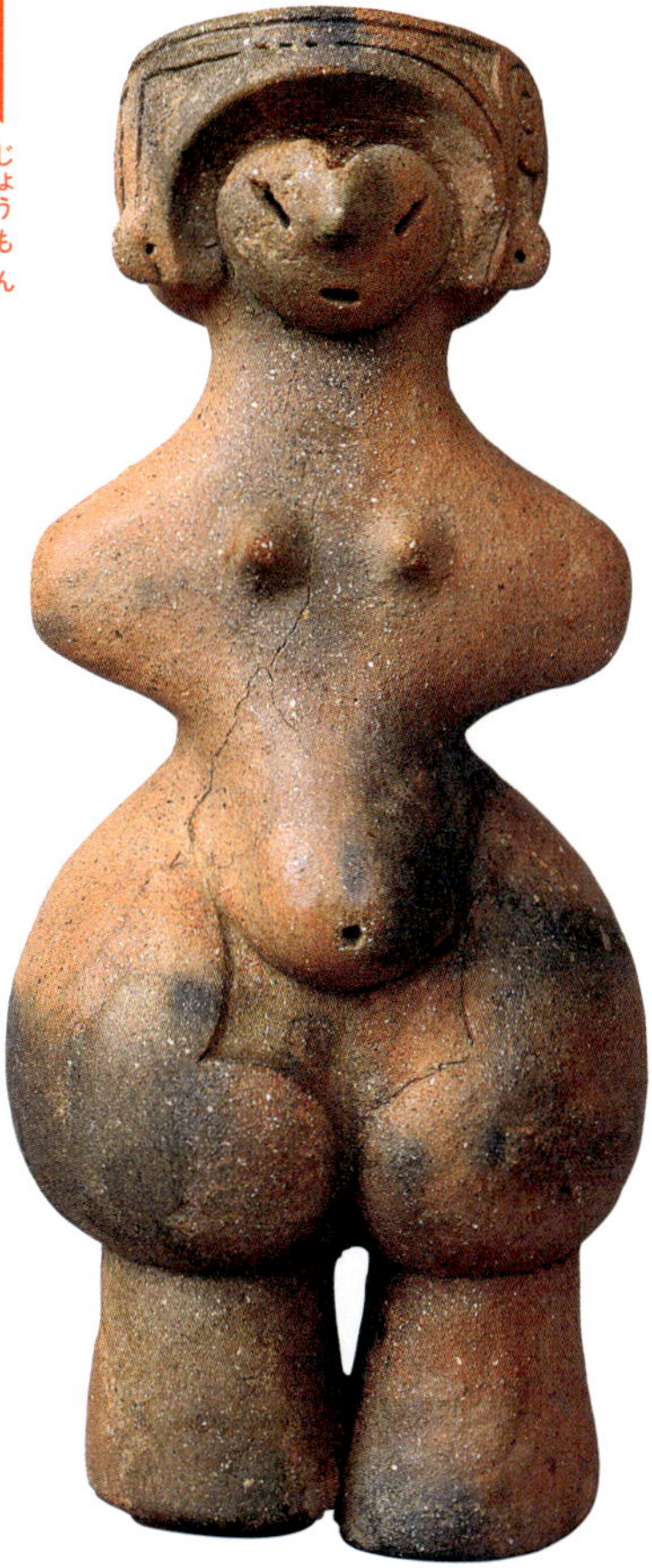

お顔《かお》もハート お尻《しり》もハート

一番最初《いちばんさいしょ》に国宝認定《こくほうにんてい》された土偶《どぐう》。弓《ゆみ》なり状《じょう》の眉《まゆ》に吊《つ》り上《あ》がった目《め》、針《はり》で刺《さ》したような鼻《はな》の穴《あな》におちょぼ口《ぐち》。下半身《かはんしん》には左右対称《さゆうたいしょう》の模様《もよう》。中部《ちゅうぶ》地方《ちほう》の高地《こうち》で発掘《はっくつ》される土偶《どぐう》の特徴《とくちょう》をよく表《あらわ》しています。内股《うちまた》ぎみの足《あし》がかわいいです。

ぷりっとした桃《もも》のような美《うつく》しいお尻《しり》。頭上《ずじょう》にはグルグル模様《もよう》があり、当時《とうじ》の髪形《かみがた》を表現《ひょうげん》しているとも。背中《せなか》は磨《みが》かれてツルツルです。

時代《じだい》　縄文中期《じょうもんちゅうき》
出身地《しゅっしんち》　長野県茅野市《ながのけんちのし》・棚畑遺跡《たなばたけいせき》
サイズ　高《たか》さ27.0cm
所蔵《しょぞう》　茅野市《ちのし》

ふだんはココにいるよ！／茅野市尖石縄文考古館《ちのしとがりいしじょうもんこうこかん》

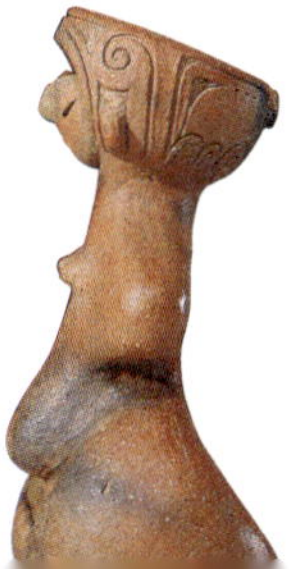

集《あつ》まれ！遮光器土偶《しゃこうきどぐう》たち

縄文晩期《じょうもんばんき》に多《おお》い遮光器土偶《しゃこうきどぐう》ですが、大《おお》きさ、目《め》の形《かたち》、模様《もよう》など様々《さまざま》なバリエーションがあります。集合《しゅうごう》すると違《ちが》いは一目瞭然《いちもくりょうぜん》。

日本一《にっぽんいち》有名《ゆうめい》な土偶《どぐう》です

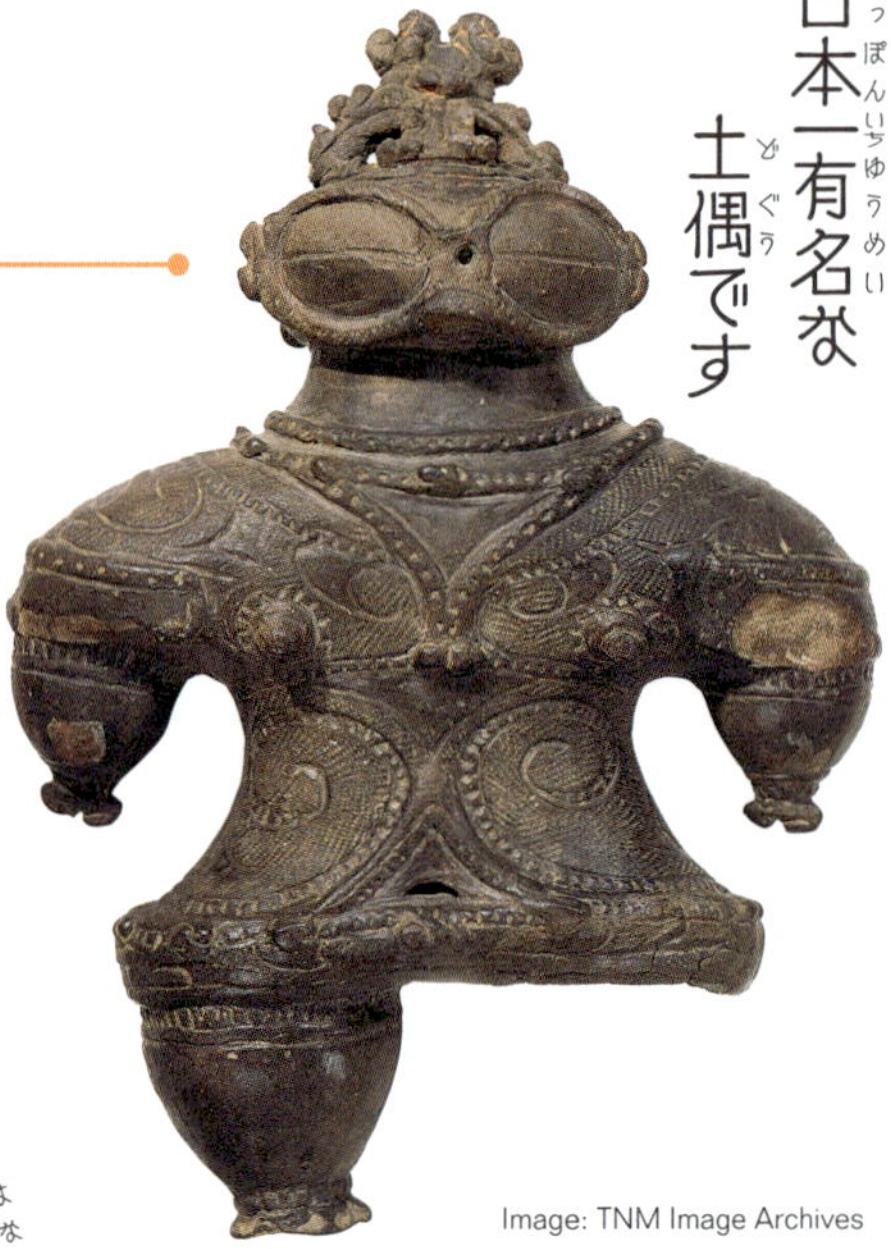

Image: TNM Image Archives

身体《からだ》の中《なか》は空洞《くうどう》で、当時《とうじ》は全身《ぜんしん》が真《ま》っ赤《か》だったようです。両目《りょうめ》の間《あいだ》にはおちょぼ口《ぐち》があります。びっしりとほどこされた縄文模様《じょうもんもよう》が美《うつく》しい。

時代《じだい》　縄文晩期《じょうもんばんき》
出身地《しゅっしんち》　青森県《あおもりけん》つがる市木造亀ヶ岡《しきづくりかめがおか》
サイズ　高《たか》さ34.2cm
所蔵《しょぞう》　東京国立博物館《とうきょうこくりつはくぶつかん》

眉間《みけん》にお鼻《はな》がありります

顔《かお》のほとんどが目《め》という遮光器土偶《しゃこうきどぐう》。バラバラに壊《こわ》れて見《み》つかりましたが、破片《はへん》をすべて拾《ひろ》い集《あつ》め、つなぎ合《あ》わせて復活《ふっかつ》しました。

時代《じだい》　縄文晩期《じょうもんばんき》
出身地《しゅっしんち》　岩手県盛岡市《いわてけんもりおかし》・手代森遺跡《てしろもりいせき》
サイズ　高《たか》さ31.0cm
所蔵《しょぞう》　文化庁《ぶんかちょう》

ふだんはココにいるよ！／岩手県立博物館《いわてけんりつはくぶつかん》

真似《まね》っこ遮光器土偶《しゃこうきどぐう》

遮光器土偶《しゃこうきどぐう》が盛《さか》んに作《つく》られた地域《ちいき》から海《うみ》を渡《わた》ってすぐの場所《ばしょ》で真似《まね》て作《つく》られました。全身《ぜんしん》に描《えが》かれた渦巻《うずま》き模様《もよう》も少《すこ》し違《ちが》います。

時代《じだい》　縄文晩期《じょうもんばんき》

出身地《しゅっしんち》　北海道茅部郡森町《ほっかいどうかやべぐんもりまち》・鳥崎遺跡《とりざきいせき》

サイズ　高《たか》さ12.0cm

所蔵《しょぞう》　森町教育委員会《もりまちきょういくいいんかい》

ふだんはココにいるよ！／

森町遺跡発掘調査事務所《もりまちいせきはっくつちょうさじむしょ》

少《すこ》しブタ鼻《ばな》です

右側《みぎがわ》にも左側《ひだりがわ》のように角状《つのじょう》の突起《とっき》があったと考《かんが》えられます。模様《もよう》も少《すく》なくなり、遮光器《しゃこうき》土偶《どぐう》が作《つく》られた時代《じだい》の後半《こうはん》に作《つく》られたもの。

時代《じだい》　縄文晩期《じょうもんばんき》

出身地《しゅっしんち》　山形県遊佐町《やまがたけんゆざまち》・杉沢遺跡《すぎさわいせき》

サイズ　高《たか》さ18.3cm

所蔵《しょぞう》　奈良国立博物館《ならこくりつはくぶつかん》

撮影：森村欣司

垂《た》れ目《め》でスミマセン

小《ちい》さいながらも遮光器状《しゃこうきじょう》の大《おお》きな目《め》が作《つく》られ、一目見《ひとめみ》て遮光器土偶《しゃこうきどぐう》だと判断《はんだん》できる優《すぐ》れた土偶《どぐう》です。中《なか》は空洞《くうどう》ではありません。

時代《じだい》　縄文晩期《じょうもんばんき》

出身地《しゅっしんち》　岩手県二戸郡一戸町《いわてけんにのへぐんいちのへまち》　蒔前遺跡《まくまえいせき》

サイズ　高《たか》さ9.4cm

所蔵《しょぞう》　一戸町教育委員会《いちのへまちきょういくいいんかい》

ふだんはココにいるよ！／御所野縄文博物館《ごしょのじょうもんはくぶつかん》

ゆるキャラのかわいこちゃん

思《おも》わずほっこりしてしまう土偶《どぐう》を集《あつ》めました。土偶《どぐう》には、こうした素朴《そぼく》で作《つく》り手《て》のユーモアが反映《はんえい》されたものが多《おお》いのです。

顔《かお》のパーツが全《ぜん》部《ぶ》マル○

みみずく土偶《どぐう》と呼《よ》ばれるタイプです。ボコボコの頭《あたま》は髪《かみ》の毛《け》をお団子状《だんごじょう》にした様子《ようす》を表現《ひょうげん》。ベンガラ（顔料《がんりょう》）で赤《あか》く塗《ぬ》られています。

時《じ》　代《だい》　縄文後期《じょうもんこうき》
出身地《しゅっしんち》　埼玉県《さいたまけん》さいたま市《し》　真福寺貝塚《しんぷくじかいづか》
サイズ　高《たか》さ20.5cm
所《しょ》　蔵《ぞう》　東京国立博物館《とうきょうこくりつはくぶつかん》

Image: TNM Image Archives

真《ま》ん中《なか》に　集中《しゅうちゅう》しています

顔《かお》の作《つく》りが真《ま》ん中《なか》に集中《しゅうちゅう》した優《やさ》しい顔《かお》の土偶《どぐう》です。発掘《はっくつ》された遺跡《いせき》からは120点《てん》の土偶《どぐう》が見《み》つかりました。これはその中《なか》でも格段《かくだん》にカワイイ！

時《じ》　代《だい》　縄文中期《じょうもんちゅうき》
出身地《しゅっしんち》　岐阜県高山市《ぎふけんたかやまし》・岩垣外遺跡《いわがいといせき》
サイズ　高《たか》さ5.7cm
所《しょ》　蔵《ぞう》　岐阜県文化財保護《ぎふけんぶんかざいほご》センター

踏《ふ》ん張《ば》って　立《た》っています

板状《いたじょう》から立体的《りったいてき》な土偶《どぐう》に移《うつ》り変《か》わる時期《じき》の土偶《どぐう》です。そのため、棒状《ぼうじょう》の身体《しんたい》をしています。立《た》ち上《あ》がりたいという気合《きあ》いが漲《みなぎ》っています。

時《じ》　代《だい》　縄文前期末《じょうもんぜんきまつ》
出身地《しゅっしんち》　山梨県甲州市《やまなしけんこうしゅうし》・大木戸遺跡《おおきどいせき》
サイズ　高《たか》さ5.1cm
所《しょ》　蔵《ぞう》　山梨県立考古博物館《やまなしけんりつこうこはくぶつかん》

ふだんはココにいるよ！／山梨県立考古博物館《やまなしけんりつこうこはくぶつかん》

目《め》から光線《こうせん》ビーム！

目《め》の黒《くろ》い部分《ぶぶん》は天然《てんねん》のアスファルトが塗《ぬ》り込《こ》められ、円盤状《えんばんじょう》の顔《かお》を前《まえ》に突《つ》き出《だ》した独特《どくとく》な姿《すがた》をしています。胴《どう》が長《なが》いのも特徴《とくちょう》のひとつです。

時《じ》　代《だい》　縄文後期《じょうもんこうき》
出身地《しゅっしんち》　秋田県大館市《あきたけんおおだてし》・塚《つか》ノ下遺跡《したいせき》
サイズ　高《たか》さ24.0cm
所《しょ》　蔵《ぞう》　大館郷土博物館《おおだてきょうどはくぶつかん》

ふだんはココにいるよ！／大館郷土博物館《おおだてきょうどはくぶつかん》

山《やま》の形《かたち》をした頭《あたま》をしていることから山形土偶《やまがたどぐう》といわれています。一見怖《いっけんこわ》い顔《かお》をしていますが、妊婦《にんぷ》だと考《かんが》えられています。

時《じ》　代《だい》　縄文後期《じょうもんこうき》
出身地《しゅっしんち》　茨城県稲敷市《いばらきけんいなしきし》・椎塚貝塚《しいづかかいづか》
サイズ　高《たか》さ12.2cm
所《しょ》　蔵《ぞう》　大阪歴史博物館《おおさかれきしはくぶつかん》

ロケットボイン搭載《とうさい》

しかめっ面《つら》しています

横《よこ》に広《ひろ》がる大《おお》きな口《くち》と大《おお》きなおヘソがチャームポイント。板状《いたじょう》で、身体《からだ》の中《なか》に管《くだ》のような穴《あな》が足《あし》の間《あいだ》まで貫《つらぬ》いています。食道《しょくどう》かしら？

時《じ》　代《だい》　縄文中期《じょうもんちゅうき》
出身地《しゅっしんち》　秋田県湯沢市《あきたけんゆざわし》・東福寺村上《とうふくじむらかみ》
サイズ　高《たか》さ19.6cm
所《しょ》　蔵《ぞう》　湯沢市《ゆざわし》

ふだんはココにいるよ！／
湯沢市郷土学習資料展示施設《ゆざわしきょうどがくしゅうしりょうてんじしせつ》
（レプリカを展示《てんじ》しています）

宇宙《うちゅう》からの使者《ししゃ》

土偶《どぐう》の中《なか》には宇宙人《うちゅうじん》を思《おも》わせるものもあります。それがかえって面白《おもしろ》く、縄文人《じょうもんじん》の創造性《そうぞうせい》や発想《はっそう》の豊《ゆた》かさを感《かん》じずにはいられません。

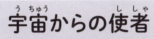

ビックリ！ ちびっ子土偶《こどぐう》たち

ここでは特《とく》に小《ちい》さな土偶《どぐう》をご紹介《しょうかい》します。小《ちい》さくても、手《て》を抜《ぬ》くことなく作《つく》られた土偶《どぐう》たちに、縄文人《じょうもんじん》の気持《きも》ちが感《かん》じられますよ。

豆粒《まめつぶ》みたいだ！

頭《あたま》しかありませんが、目《め》、鼻《はな》、口《くち》が作《つく》られています。帽子《ぼうし》のように見《み》えるのは髪《かみ》の毛《け》です。身体《からだ》があれば全長《ぜんちょう》5㎝ほどだとか。

時代《じだい》 縄文中期《じょうもんちゅうき》
出身地《しゅっしんち》 八王子市《はちおうじし》・多摩《たま》ニュータウンNo.72道路《どうろ》

サイズ 高《たか》さ1.0cm
所蔵《しょぞう》 東京都教育委員会《とうきょうときょういくいいんかい》
（所蔵場所《しょぞうばしょ》） 東京都立埋蔵文化財調査《とうきょうとりつまいぞうぶんかざいちょうさ》センター

日本最古級《にっぽんさいこきゅう》の土偶《どぐう》

1万《まん》3000年前《ねんまえ》の草創期《そうそうき》に作《つく》られた土偶《どぐう》です。はじめから頭《あたま》は作《つく》られておらず、首《くび》に深《ふか》さ2㎝の穴《あな》があります。お守《まも》りのような土偶《どぐう》です。

時代《じだい》 縄文草創期《じょうもんそうそうき》
出身地《しゅっしんち》 滋賀県東近江市《しがけんひがしおうみし》 相谷熊原遺跡《あいだにくまはらいせき》

サイズ 高《たか》さ3.1cm
所蔵《しょぞう》 滋賀県教育委員会《しがけんきょういくいいんかい》

作《つく》りは完璧《かんぺき》です

弓《ゆみ》なりの眉《まゆ》、針《はり》で刺《さ》したような鼻《はな》、吊《つ》り上《あ》がった目《め》、下半身《かはんしん》には左右対称《さゆうたいしょう》の模様《もよう》と、中部地方《ちゅうぶちほう》高地特有《こうちとくゆう》の土偶《どぐう》の特徴《とくちょう》をすべて持《も》っています。

時代《じだい》 縄文中期《じょうもんちゅうき》
出身地《しゅっしんち》 山梨県北杜市《やまなしけんほくとし》 諏訪原遺跡《すわはらいせき》

サイズ 高《たか》さ5.3cm
所蔵《しょぞう》 北杜市教育委員会《ほくとしきょういくいいんかい》

ふだんはココにいるよ！
北杜市考古資料館《ほくとしこうこしりょうかん》

食《た》べやすくしとくね

人《ひと》の顔《かお》の模様《もよう》が描《えが》かれている土器《どき》を人《じん》面付土器《めんづけどき》といいます。煮炊《にた》きをした跡《あと》もあり実際《じっさい》に使《つか》っていたようです。優《やさ》しい味《あじ》になりそう。

時《じ》　代《だい》　縄文晩期《じょうもんばんき》
出身地《しゅっしんち》　埼玉県鴻巣市《さいたまけんこうのすし》・赤城遺跡《あかぎいせき》
サイズ　高《たか》さ17.9cm
所《しょ》　蔵《ぞう》　埼玉県教育委員会《さいたまけんきょういくいいんかい》

不思議《ふしぎ》な人面獣《じんめんじゅう》

シカの角《つの》で作《つく》られた人形《ひとがた》です。手足《てあし》の指先《ゆびさき》まで表現《ひょうげん》されています。大《おお》きく開《ひら》いた孔《あな》に紐《ひも》を通《とお》して装飾品《そうしょくひん》にしていたようです。

時《じ》　代《だい》　縄文後期《じょうもんこうき》
出身地《しゅっしんち》　北海道函館市《ほっかいどうはこだてし》・戸井貝塚《といかいづか》
サイズ　5.6cm
所《しょ》　蔵《ぞう》　市立函館博物館《しりつはこだてはくぶつかん》

身体《からだ》は獣《けもの》で顔《かお》は人《ひと》という、土《つち》で作《つく》られた人面獣《じんめんじゅう》です。人《ひと》のようで人《ひと》でなく、獣《けもの》のようで獣《けもの》でもない。獣《けもの》の精霊《せいれい》なのかもしれませんね。

時《じ》　代《だい》　縄文後《じょうもんこう》・晩期《ばんき》
出身地《しゅっしんち》　宮城県石巻市《みやぎけんいしのまきし》・沼津貝塚《ぬまづかいづか》
サイズ　長《なが》さ8.7cm
所《しょ》　蔵《ぞう》　東北大学大学院文学研究科《とうほくだいがくだいがくいんぶんがくけんきゅうか》

参上《さんじょう》!
ブツブツマン!

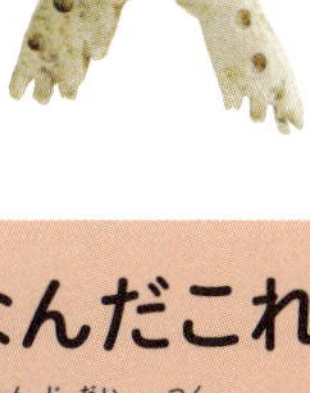

なんだこれ?　な愉快《ゆかい》な品々《しなじな》

縄文時代《じょうもんじだい》に作《つく》られた土偶以外《どぐういがい》のユニークな品々《しなじな》をご紹介《しょうかい》します。粘土《ねんど》はもちろん、シカの角《つの》も彼《かれ》らにとっては大切《たいせつ》な材料《ざいりょう》でした。

縄文《じょうもん》どうぶつえん

主《おも》に東日本《ひがしにほん》で動物《どうぶつ》の土製品《どせいひん》が作《つく》られました。力《ちから》の強《つよ》さや子《こ》だくさんなど、動物《どうぶつ》が持《も》つ様々《さまざま》な能力《のうりょく》に当時《とうじ》の人《ひと》は憧《あこが》れたようです。

ツキノワグマの土製品《どせいひん》。森《もり》の王者《おうじゃ》である、クマの強《つよ》さを自分《じぶん》にも欲《ほ》しいと思《おも》ったのでしょう。

時代《じだい》　縄文晩期《じょうもんばんき》
出身地《しゅっしんち》　青森県弘前市《あおもりけんひろさきし》　尾上山遺跡《おのえやまいせき》
サイズ　長《なが》さ14.0cm
所蔵《しょぞう》　青森県立郷土館《あおもりけんりつきょうどかん》 風韻堂《ふういんどう》コレクション

ふだんはココにいるよ！／青森県立郷土館考古展示室《あおもりけんりつきょうどかんこうこてんじしつ》

縄文犬《じょうもんけん》は縄文人《じょうもんじん》にとって、なくてはならない狩《か》りのパートナー。感謝《かんしゃ》を込《こ》めて作《つく》ったのかも。

時代《じだい》　縄文後期《じょうもんこうき》
出身地《しゅっしんち》　栃木県栃木市《とちぎけんとちぎし》　藤岡神社遺跡《ふじおかじんじゃいせき》
サイズ　高《たか》さ7.6cm
所蔵《しょぞう》　栃木市教育委員会《とちぎしきょういくいいんかい》

ふだんはココにいるよ！／栃木県立博物館《とちぎけんりつはくぶつかん》

私《わたし》に力《ちから》をください

僕《ぼく》は狩《か》りの相棒《あいぼう》

ふんがっ、ふんがっ！

たくさん食《た》べてました

後《うし》ろ足《あし》が少《すこ》し浮《う》くぐらい前《まえ》のめりになったイノシシ。今《いま》にも向《む》かってきそうな勢《いきお》いです。

時代《じだい》　縄文後期《じょうもんこうき》
出身地《しゅっしんち》　青森県弘前市《あおもりけんひろさきし》　十腰内《とこしない》2遺跡《いせき》
サイズ　高《たか》さ9.7cm
所蔵《しょぞう》　弘前市立博物館《ひろさきしりつはくぶつかん》

ふだんはココにいるよ！／弘前市立博物館《ひろさきしりつはくぶつかん》

イカ形《がた》の土製品《どせいひん》です。祭《まつ》りの道具《どうぐ》だとされています。おいしいイカに感謝《かんしゃ》したのでしょうね。

時代《じだい》　縄文後期《じょうもんこうき》
出身地《しゅっしんち》　北海道茅部郡森町《ほっかいどうかやべぐんもりまち》　鷲《わし》ノ木《き》4遺跡《いせき》
サイズ　高《たか》さ11.5cm
所蔵《しょぞう》　森町教育委員会《もりまちきょういくいいんかい》

ふだんはココにいるよ！／森町遺跡発掘調査事務所《もりまちいせきはっくつちょうさじむしょ》

あの土偶《どぐう》が待《ま》ってるかも！

縄文時代《じょうもんじだい》に出《で》合《あ》える 博物館《はくぶつかん》＆資料館《しりょうかん》ガイド

縄文時代《じょうもんじだい》の土器《どき》や土偶《どぐう》を展示《てんじ》している、全国《ぜんこく》の施設《しせつ》をご紹介《しょうかい》します。
展示内容《てんじないよう》は変更《へんこう》になっていることもあるので、問《と》い合《あ》わせてから出《で》かけてね！

※P132〜144「こんちゃんのもっと楽《たの》しくなる土偶図鑑《どぐうずかん》」で紹介《しょうかい》した土偶《どぐう》・土製品《どせいひん》を常設展示《じょうせつてんじ》している施設《しせつ》も掲載《けいさい》しています。時期《じき》によって、展示《てんじ》されていないこともあります。
※臨時休館《りんじきゅうかん》の場合《ばあい》もありますので、出《で》かける前《まえ》には確認《かくにん》することをおすすめします。

北海道《ほっかいどう》

函館市縄文文化交流《はこだてしじょうもんぶんかこうりゅう》センター

函館市《はこだてし》の縄文遺跡《じょうもんいせき》から出土《しゅつど》した、土器《どき》や石器《せっき》などの資料《しりょう》を数多《かずおお》く展示《てんじ》しています。縄文《じょうもん》体験《たいけん》コーナーあり。

P133掲載《けいさい》の土偶《どぐう》を展示《てんじ》しています。

〒041-1613 北海道函館市臼尻町551-1
📞0138-25-2030
http://www.hjcc.jp/
開館時間《かいかんじかん》　9:00〜17:00(4/1〜10/31) 〜16:30(11/1〜3/31)
休館日《きゅうかんび》　月曜日《げつようび》(月曜日《げつようび》が祝日《しゅくじつ》の場合翌日休館《ばあいよくじつきゅうかん》)／年末年始《ねんまつねんし》
(12/29〜1/3 ※曜日《ようび》により変《か》わる場合《ばあい》があります)
入館料《にゅうかんりょう》　大人《おとな》300円《えん》／学生《がくせい》・生徒《せいと》・児童《じどう》150円《えん》／函館市内在住《はこだてしないざいじゅう》または市内《しない》の学校《がっこう》に通《かよ》う小《しょう》・中学生《ちゅうがくせい》・未就学児《みしゅうがくじ》 無料《むりょう》

森町遺跡発掘調査事務所《もりまちいせきはっくつちょうさじむしょ》

鷲《わし》ノ木《き》遺跡《いせき》の環状列石《かんじょうれっせき》や出《しゅつ》土品《どひん》についてわかりやすく展示《てんじ》してあります。縄文土器《じょうもんどき》に触《ふ》れるコーナーあり。

P139掲載《けいさい》の土偶《どぐう》、P144掲載《けいさい》の土製品《どせいひん》を展示《てんじ》しています。

〒049-2313 北海道茅部郡森町字森川町292番地24
📞0137-43-2240
http://www.town.hokkaido-mori.lg.jp
開館時間《かいかんじかん》　9:00〜16:00
休館日《きゅうかんび》　土《ど》・日《にち》・祝日《しゅくじつ》／年末年始《ねんまつねんし》
入館料《にゅうかんりょう》　無料《むりょう》

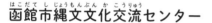

弘前《ひろさき》市立《しりつ》博物館《はくぶつかん》

P.144に掲載《けいさい》したイノシシ形土《がたど》製品《せいひん》は愛称《あいしょう》「いのっち」と呼《よ》ばれ、館内《かんない》ではキャラクターグッズも販売《はんばい》されています。

P144掲載《けいさい》の土製品《どせいひん》を展示《てんじ》しています。

〒036-8356 青森県弘前市下白銀町1-6弘前公園内

0172-35-0700

http://www.city.hirosaki.aomori.jp/hakubutsukan/

開館時間《かいかんじかん》　9:30~16:30

休館日《きゅうかんび》　第《だい》3月曜日《げつようび》(月曜《げつよう》が祝日《しゅくじつ》の場合《ばあい》は翌日休館《よくじつきゅうかん》)

※ただし、特別企画展開催中《とくべつきかくてんかいさいちゅう》は無休展示《むきゅうてんじ》替《が》え期間中《きかんちゅう》は臨時休館《りんじきゅうかん》

入館料《にゅうかんりょう》　大人《おとな》300円《えん》/高校《こうこう》・大学生《だいがくせい》150円《えん》/小《しょう》・中学生《ちゅうがくせい》100円《えん》

青森《あおもり》県立《けんりつ》郷土館《きょうどかん》

遮光器土偶《しゃこうきどぐう》で知《し》られる亀ヶ岡《かめがおか》遺跡《いせき》をはじめ、青森市三内《あおもりしさんない》丸山遺跡《まるやまいせき》・八戸市是川石器《はちのへしこれかわせっき》時代遺跡《じだいいせき》など、青森県内《あおもりけんない》の縄文《じょうもん》時代《じだい》の出土品《しゅつどひん》が豊富《ほうふ》に展示《てんじ》されています。

P144掲載《けいさい》の土偶《どぐう》を展示《てんじ》しています。

〒030-0802 青森県青森市本町2丁目8-14

017-777-1585

http://www.kyodokan.com

開館時間《かいかんじかん》　4/1~4/30・11/1~3/31 9:00~17:00
5/1~10/31 9:00~18:00

休館日《きゅうかんび》　年末年始《ねんまつねんし》
その他休館日《たきゅうかんび》はウェブサイトでご確認《かくにん》ください

入館料《にゅうかんりょう》(常設展《じょうせつてん》)　一般《いっぱん》310円《えん》　高校生《こうこうせい》・大学生《だいがくせい》150円《えん》
中学生以下《ちゅうがくせいいか》は無料《むりょう》(特別展《とくべつてん》は別料金《べつりょうきん》です)

湯沢市《ゆざわし》郷土《きょうど》学習《がくしゅう》資料《しりょう》展示《てんじ》施設《しせつ》ジオスタ☆ゆざわ

小学校《しょうがっこう》の校舎《こうしゃ》を再利用《さいりよう》した資料館《しりょうかん》です。縄文時代《じょうもんじだい》の石器《せっき》や土器《どき》の他《ほか》、酒造用具《しゅぞうようぐ》、化石《かせき》や岩石《がんせき》などを展示《てんじ》しています。

P141掲載《けいさい》の土偶《どぐう》のレプリカを展示《てんじ》しています。

〒019-0404 秋田県湯沢市高松上地6-2高松地区センター2階

0183-73-2163(湯沢市教育委員会生涯学習課《ゆざわしきょういくいいんかいしょうがいがくしゅうか》)

開館時間《かいかんじかん》　9:30~16:30

休館日《きゅうかんび》　年末年始《ねんまつねんし》(12/29~1/3)

入館料《にゅうかんりょう》　無料《むりょう》

特別史跡 三内丸山遺跡 縄文時遊館
とくべつしせき さんないまるやまいせき じょうもんじゆうかん

三内丸山遺跡の入り口施設
さんないまるやまいせき い ぐちしせつ
です。三内丸山遺跡から出土
さんないまるやまいせき しゅつど
した重要文化財約500点を
じゅうようぶんかざいやく てん
含む約1700点の遺物を展示。
ふく やく てん いぶつ てんじ

〒038-0031 青森県青森市三内丸山305

☎017-781-6078

http://sannaimaruyama.pref.aomori.jp

開館時間 4/1～5/31・10/1～3/31 9:00～17:00
かいかんじかん

GW中・6/1～9/30 9:00～18:00
ちゅう

（入場は閉館の30分前まで）
にゅうじょう へいかん ぷんまえ

休 館 日 年末年始（12/30～1/1）
きゅう かん び ねんまつねんし

入 館 料 無料 ※平成31年4月1日からは有料となります
にゅう かん りょう む りょう へいせい ねん がつついたち ゆうりょう

ただし、中学生以下は無料
ちゅうがくせいいか むりょう

八戸市埋蔵文化財センター 是川縄文館
はちのへしまいぞうぶんかざい これかわじょうもんかん

是川遺跡からの出土品を中心
これかわいせき しゅつどひん ちゅうしん
に、縄文時代の土偶、木製
じょうもんじだい どぐう もくせい
品、石器などを常設展示。イベ
ひん せっき じょうせつてんじ
ントや講座も豊富です。
こうざ ほうふ

〒031-0023 青森県八戸市是川横山1

☎0178-38-9511

http://www.korekawa-jomon.jp

開館時間 9:00～17:00 ※入館は16:30まで
かいかんじかん にゅうかん

休 館 日 月曜日（第一月曜日、祝日・振替休日の場合は開館）/
きゅう かん び げつようび だいいちげつようび しゅくじつ ふりかえきゅうじつ ばあい かいかん

祝日・振替休日の翌日
しゅくじつ ふりかえきゅうじつ よくじつ

（土・日曜日、祝日の場合は開館）
ど にちようび しゅくじつ ばあい かいかん

入 館 料 大人250円/高校・大学生150円/
にゅう かん りょう おとな えん こうこう だいがくせい えん

小・中学生50円
しょう ちゅうがくせい えん

> P134～P135掲載の土偶を展示
> けいさい どぐう てんじ
> しています。

大館郷土博物館
おおだてきょうどはくぶつかん

大館市内では、縄文早期から
おおだてしない じょうもんそうき
晩期までの遺跡が約200か所
ばんき いせき やく しょ
見つかっています。貴重な出土
み きちょう しゅつど
品が展示されています。
ひん てんじ

〒017-0012 秋田県大館市釈迦内字獅子ヶ森1

☎0186-43-7133

http://odate-city.jp/museum/

開館時間 9:00～16:30（入館は16:00まで）
かいかんじかん にゅうかん

休 館 日 月曜日（月曜日が祝日の場合翌日休館）/年末年始
きゅう かん び げつようび げつようび しゅくじつ ばあいよくじつきゅうかん ねんまつねんし

（12/29～1/3 ※曜日により変わる場合があります）
ようび か ばあい

入 館 料 大人300円/大学生・高校生200円/
にゅう かん りょう おとな えん だいがくせい こうこうせい えん

中学生・小学生100円
ちゅうがくせい しょうがくせい えん

大館市内在住の小・中学生・未就学児 無料
おおだてしないざいじゅう しょう ちゅうがくせい みしゅうがくじ むりょう

> P141掲載の土偶を展示しています。
> けいさい どぐう てんじ

岩手県《いわてけん》

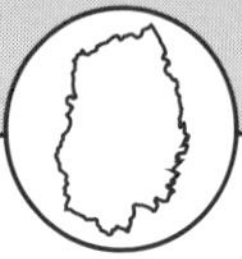

岩手県立博物館《いわてけんりつはくぶつかん》

県内《けんない》の遺跡《いせき》の出土品《しゅつどひん》を数多《かずおお》く展示《てんじ》。縄文《じょうもん》の竪穴住居《たてあなじゅうきょ》や、発掘《はっくつ》された人骨《じんこつ》から復元《ふくげん》した縄文人《じょうもんじん》の模型《もけい》を見《み》ることができます。

P138掲載《けいさい》の土偶《どぐう》を展示《てんじ》しています。

〒020-0102 岩手県盛岡市上田松屋敷34

019-661-2831

http://www2.pref.iwate.jp/~hp0910/index.html

開館時間《かいかんじかん》　9:00~16:30（入館《にゅうかん》は16:00まで）

休館日《きゅうかんび》　月曜日《げつようび》（月曜日《げつようび》が祝日《しゅくじつ》の場合翌日休館《ばあいよくじつきゅうかん》）

入館料《にゅうかんりょう》　大人《おとな》310円《えん》／大学生《だいがくせい》140円《えん》／高校生以下無料《こうこうせいいかむりょう》

御所野縄文博物館《ごしょのじょうもんはくぶつかん》

縄文中期《じょうもんちゅうき》の集落跡《しゅうらくあと》である御所《ごしょ》野《の》遺跡《いせき》を保存《ほぞん》する御所野縄文《ごしょのじょうもん》公園内《こうえんない》に作《つく》られた博物館《はくぶつかん》。公園《こうえん》内《ない》でも縄文体験《じょうもんたいけん》ができます。

P139掲載《けいさい》の土偶《どぐう》を展示《てんじ》しています。

〒028-5316 岩手県二戸郡一戸町岩舘字御所野2

0195-32-2652

http://goshono-iseki.com

開館時間《かいかんじかん》　9:00~17:00（入館《にゅうかん》は16:30まで）

休館日《きゅうかんび》　月曜日《げつようび》（月曜《げつよう》が祝日《しゅくじつ》の場合《ばあい》は翌日休館《よくじつきゅうかん》）／祝日《しゅくじつ》の翌日《よくじつ》（土日《どにち》をのぞく）／年末年始《ねんまつねんし》

入館料《にゅうかんりょう》　大人《おとな》300円《えん》／高校《こうこう》・大学生《だいがくせい》200円《えん》／小《しょう》・中学生《ちゅうがくせい》150円《えん》

山形県《やまがたけん》

山形県立博物館本館《やまがたけんりつはくぶつかんほんかん》

国宝《こくほう》「縄文《じょうもん》の女神《めがみ》」をはじめとする、山形県内《やまがたけんない》の遺跡《いせき》から発掘《はっくつ》された数多《かずおお》くの出土品《しゅつどひん》を常設展示《じょうせつてんじ》しています。

P136掲載《けいさい》の土偶《どぐう》を展示《てんじ》しています。

〒990-0826 山形県山形市霞城町1-8

023-645-1111

http://www.yamagata-museum.jp

開館時間《かいかんじかん》　9:00~16:30（入館《にゅうかん》は16:00まで）

休館日《きゅうかんび》　毎週月曜日《まいしゅうげつようび》（月曜《げつよう》が祝日《しゅくじつ》の場合《ばあい》は翌日休館《よくじつきゅうかん》）／年末年始《ねんまつねんし》（12/29~1/3）

入館料《にゅうかんりょう》　大人《おとな》300円《えん》／大学生《だいがくせい》150円《えん》／高校生以下無料《こうこうせいいかむりょう》

新潟県《にいがたけん》

新潟県立《にいがたけんりつ》歴史《れきし》博物館《はくぶつかん》

常設展示《じょうせつてんじ》「縄文人《じょうもんじん》の世界《せかい》」では、ジオラマによって縄文時代《じょうもんじだい》の春夏秋冬《しゅんかしゅうとう》を再現《さいげん》。縄文《じょうもん》の謎《なぞ》に答《こた》える解説《かいせつ》も充実《じゅうじつ》。

〒940-2035 新潟県長岡市関原町1丁目権現堂2247-2

📞0258-47-6130

http://nbz.or.jp

開館時間《かいかんじかん》	9:30~17:00（入館《にゅうかん》は16:30まで）
休館日《きゅうかんび》	月曜日《げつようび》（月曜日《げつようび》が祝日《しゅくじつ》の場合《ばあい》は、その日以後《ひいご》の休日《きゅうじつ》でない最初《さいしょ》の日《ひ》）／年末年始《ねんまつねんし》（12/28~1/3）
入館料《にゅうかんりょう》（常設展《じょうせつてん》）	大人《おとな》510円《えん》／高校《こうこう》・大学生《だいがくせい》200円《えん》 中学生以下無料《ちゅうがくせいいかむりょう》

栃木県《とちぎけん》

栃木県立《とちぎけんりつ》博物館《はくぶつかん》

栃木県《とちぎけん》の石器時代《せっきじだい》から縄文時代《じょうもんじだい》、そして弥生時代《やよいじだい》への移《うつ》り変《か》わりをわかりやすく解説《かいせつ》・展示《てんじ》しています。

P144掲載《けいさい》の土製品《どせいひん》を展示《てんじ》しています。

〒320-0865 栃木県宇都宮市睦町2-2

📞028-634-1311

http://www.muse.pref.tochigi.lg.jp

開館時間《かいかんじかん》	9:30~17:00（入館《にゅうかん》は16:30まで）
休館日《きゅうかんび》	月曜日《げつようび》（月曜日《げつようび》が祝日《しゅくじつ》の場合《ばあい》翌日休館《よくじつきゅうかん》）／ 年末年始《ねんまつねんし》（12/28~1/4）その他《た》臨時《りんじ》休館日《きゅうかんび》あり
入館料《にゅうかんりょう》	大人《おとな》250円《えん》／高校《こうこう》・大学生《だいがくせい》120円《えん》 中校生以下無料《ちゅうこうせいいかむりょう》

東京都《とうきょうと》

東京国立博物館《とうきょうこくりつはくぶつかん》

平成館《へいせいかん》の考古展示室《こうこてんじしつ》では、さまざまなテーマで旧石器時代《きゅうせっきじだい》、縄文時代《じょうもんじだい》から江戸時代《えどじだい》まで、日本《にっぽん》の歴史《れきし》をたどることができます。

〒110-8712 東京都台東区上野公園13-9

📞03-5777-8600（ハローダイヤル）

http://www.tnm.jp/

開館時間《かいかんじかん》	9:30~17:00（入館《にゅうかん》は閉館《へいかん》30分前《ぷんまえ》まで）
休館日《きゅうかんび》	月曜日《げつようび》（月曜《げつよう》が祝日《しゅくじつ》の場合《ばあい》は翌平日休館《よくへいじつきゅうかん》）／ 年末年始《ねんまつねんし》 ※詳《くわ》しくはお問《と》い合《あ》わせください
入館料《にゅうかんりょう》（平常展《へいじょうてん》）	大人《おとな》620円《えん》／大学生《だいがくせい》410円《えん》／ 高校生以下無料《こうこうせいいかむりょう》（特別展《とくべつてん》の場合《ばあい》は別料金《べつりょうきん》です）

長野県《ながのけん》

茅野市《ちのし》尖石《とがりいし》縄文《じょうもん》考古館《こうこかん》

尖石《とがりいし》遺跡《いせき》の出土品《しゅつどひん》をはじめ2000点余《てんあま》りの優《すぐ》れた考古資料《こうこしりょう》を展示《てんじ》。粘土《ねんど》を使《つか》った土器《どき》や土偶《どぐう》づくり体験《たいけん》もあり(有料《ゆうりょう》)。

P132、P137掲載《けいさい》の土偶《どぐう》を展示《てんじ》しています。

〒391-0213 長野県茅野市豊平4734-132

0266-76-2270

http://www.city.chino.lg.jp/www/togariishi/index.html

開館時間《かいかんじかん》　9:00~17:00(入館《にゅうかん》は16:30まで)

休《きゅう》 館《かん》 日《び》　月曜日《げつようび》(月曜《げつよう》が祝日《しゅくじつ》の場合《ばあい》は、その日以後《ひいご》の休日《きゅうじつ》でない最初《さいしょ》の日《ひ》)/年末年始《ねんまつねんし》(12/29~1/3)

入《にゅう》 館《かん》 料《りょう》　大人《おとな》500円《えん》/高校生《こうこうせい》300円《えん》/小中学生《しょうちゅうがくせい》200円《えん》

山梨県《やまなしけん》

山梨県立考古博物館《やまなしけんりつこうこはくぶつかん》

竪穴住居《たてあなじゅうきょ》を復元《ふくげん》、縄文人《じょうもんじん》の生活《せいかつ》を再現《さいげん》しています。実物《じつぶつ》の縄文土器《じょうもんどき》や石皿《いしざら》・磨石《すりいし》、黒曜石《こくようせき》に触《ふ》れる体験《たいけん》ができます。

P140掲載《けいさい》の土偶《どぐう》を展示《てんじ》しています。

〒400-1508 山梨県甲府市下曽根町923

055-266-3881

https://www.pref.yamanashi.jp/kouko-hak/

開館時間《かいかんじかん》　9:00~17:00(入館《にゅうかん》は16:30まで)

休《きゅう》 館《かん》 日《び》　月曜日《げつようび》(月曜《げつよう》が祝日《しゅくじつ》の場合《ばあい》は翌日休館《よくじつきゅうかん》)/年末年始《ねんまつねんし》(12/29~1/1)/その他臨時休館日《たりんじきゅうかんび》あり

入《にゅう》 館《かん》 料《りょう》　大人《おとな》・大学生《だいがくせい》210円《えん》(特別展《とくべつてん》は別料金《べつりょうきん》)/高校生以下無料《こうこうせいいかむりょう》

北杜市考古資料館《ほくとしこうこしりょうかん》

八ヶ岳山麓《やつがだけさんろく》の縄文遺跡《じょうもんいせき》から出土《しゅつど》された、アートのような土器《どき》、土偶《どぐう》、装飾品《そうしょくひん》がたくさん展示《てんじ》されてます。

P142掲載《けいさい》の土偶《どぐう》を展示《てんじ》しています。

〒409-1502 山梨県北杜市大泉町谷戸2414

0551-20-5505

https://www.city.hokuto.yamanashi.jp/docs/4772.html

開館時間《かいかんじかん》　9:00~17:00(入館《にゅうかん》は16:30まで)

休《きゅう》 館《かん》 日《び》　月曜日《げつようび》(月曜《げつよう》が祝日《しゅくじつ》の場合《ばあい》は、その日以後《ひいご》の休日《きゅうじつ》でない最初《さいしょ》の日《ひ》)/休日《きゅうじつ》の翌日《よくじつ》/年末年始《ねんまつねんし》(12/28~1/4)

入《にゅう》 館《かん》 料《りょう》　高校生以上《こうこうせいいじょう》200円《えん》/小《しょう》・中学生《ちゅうがくせい》100円《えん》

徳島県《とくしまけん》

徳島県立博物館《とくしまけんりつはくぶつかん》

徳島《とくしま》に住《す》んでいた縄文人《じょうもんじん》の生活《せいかつ》を土器《どき》・石器《せっき》・弓矢《ゆみや》などの出土品《しゅつどひん》により、わかりやすく展示《てんじ》しています。

〒770-8070 徳島県徳島市八万町向寺山

☎088-668-3636

http://www.museum.tokushima-ec.ed.jp

開館時間《かいかんじかん》　9:30~17:00

休《きゅう》 館《かん》 日《び》　月曜日《げつようび》（月曜日《げつようび》が祝日《しゅくじつ》の場合翌日休館《ばあいよくじつきゅうかん》）
年末年始《ねんまつねんし》（12/29~1/4）/その他臨時休館日《たりんじきゅうかんび》あり

入《にゅう》 館《かん》 料《りょう》　大人《おとな》200円《えん》／高校《こうこう》・大学生《だいがくせい》100円《えん》／
小中学生《しょうちゅうがくせい》50円《えん》

島根県《しまねけん》

島根県立古代出雲歴史博物館《しまねけんりつこだいいずもれきしはくぶつかん》

88.8kgもある巨大《きょだい》な縄文《じょうもん》スギの輪切《わぎ》りや東北《とうほく》、九州《きゅうしゅう》、四国地方《しこくちほう》との交流《こうりゅう》を物語《ものがた》る土器《どき》など貴重《きちょう》な資料《しりょう》を展示《てんじ》しています。

〒699-0701 島根県出雲市大社町杵築東99-4

☎0853-53-8600　https://www.izm.ed.jp

開館時間《かいかんじかん》　9:00~18:00、11月《がつ》～2月《がつ》は9:00~17:00
（入館《にゅうかん》は閉館《へいかん》の30分前《ぷんまえ》まで）

休《きゅう》 館《かん》 日《び》　毎月第《まいつきだい》3火曜日《かようび》 ※変更《へんこう》になる場合《ばあい》があります
（第《だい》3火曜日《かようび》が祝日《しゅくじつ》の場合《ばあい》は翌日《よくじつ》）

入《にゅう》 館《かん》 料《りょう》　大人《おとな》610円《えん》／大学生《だいがくせい》410円《えん》／小中高生《しょうちゅうこうせい》200円《えん》
（企画展《きかくてん》の観覧料《かんらんりょう》は、展示《てんじ》ごとに金額《きんがく》が異《こと》なります）

福岡県《ふくおかけん》

九州国立博物館《きゅうしゅうこくりつはくぶつかん》

「縄文人《じょうもんじん》、海《うみ》へ」をテーマとしたコーナーでは、穏《おだ》やかな気《き》候《こう》の中《なか》で人々《ひとびと》が定住生活《ていじゅうせいかつ》に移《うつ》り変《か》わっていった縄文時代《じょうもんじだい》についての展示《てんじ》をしています。

〒818-0118 福岡県太宰府市石坂4-7-2

☎NTT ハローダイヤル 050-5542-8600

http://www.kyuhaku.jp

開館時間《かいかんじかん》　日《にち》・火《か》～木曜日《もくようび》 9:30~17:00（入館《にゅうかん》は16:30まで）
金《きん》・土曜日《どようび》 9:30~20:00（入館《にゅうかん》は19:30まで）

休《きゅう》 館《かん》 日《び》　月曜日《げつようび》（月曜日《げつようび》が祝日《しゅくじつ》・振替休日《ふりかえきゅうじつ》の場合《ばあい》は翌日《よくじつ》）／
年末年始《ねんまつねんし》

入《にゅう》 館《かん》 料《りょう》　大人《おとな》430円《えん》／大学生《だいがくせい》130円《えん》／
18歳未満無料《さいみまんむりょう》

あっきーの
作ってみよう
縄文《じょうもん》ラボ
2

土偶《どぐう》の顔《かお》を作《つく》ってみよう！

家庭用《かていよう》オーブンで焼《や》ける粘土《ねんど》を使《つか》って、土偶《どぐう》の顔《かお》に挑戦《ちょうせん》！　この本《ほん》に載《の》っている土偶《どぐう》を参考《さんこう》にして自由《じゆう》に作《つく》ってみよう。僕《ぼく》は138ページの遮光器土偶《しゃこうきどぐう》を真似《まね》てみたんだけど、かなりカッコよくできた。オーブンがない場合《ばあい》は、紙粘土《かみねんど》などでやってみてね！　作《つく》るときは大人《おとな》と一緒《いっしょ》にね。

注意《ちゅうい》
⚠
立体《りったい》の土偶《どぐう》は、胴体部分《どうたいぶぶん》を空洞《くうどう》にして作《つく》らないとオーブンでうまく焼《や》けなかったり、焼《や》いている途中《とちゅう》に割《わ》れてしまいます。

作《つく》り方《かた》

材料《ざいりょう》
- 家庭用《かていよう》オーブンで焼《や》ける粘土《ねんど》
- ぬれ布巾《ぶきん》
- 竹串《たけぐし》
- つまようじ
- 型抜《かたぬ》きに使《つか》えるコップ
- 霧吹《きりふ》き
- 粘土板《ねんどばん》

＊粘土《ねんど》が硬《かた》くて扱《あつか》いにくいときには、霧吹《きりふ》きで水《みず》をかけて、30分間《ぶんかん》ぬれ布巾《ぶきん》に包《つつ》んでおきましょう。

1

作《つく》りたい土偶《どぐう》のモデルを決《き》めよう。僕《ぼく》は「遮光器《しゃこうき》土偶《どぐう》」！　（P29・P138を見《み》てね）

2

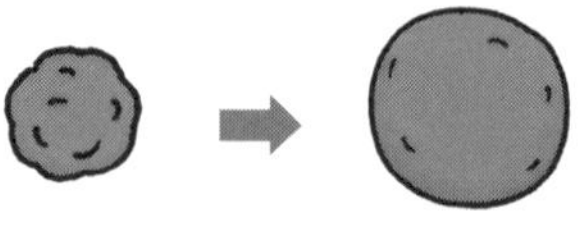

粘土《ねんど》を直径《ちょっけい》5㎝くらいの玉状《たまじょう》に丸《まる》めてから平《ひら》たくつぶして、おせんべいのような形《かたち》にするよ。

3

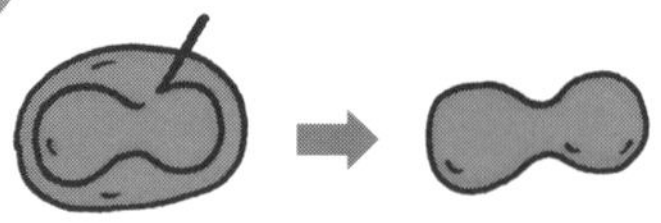

②よりも少《すこ》しちいさい玉《たま》を作《つく》って、楕円形《だえんけい》に平《ひら》たくのばしてから、竹串《たけぐし》でメガネ状《じょう》に筋《すじ》をつけてくりぬいてね。

4

顔《かお》となじむように
しっかりくっつけよう。

②の上《うえ》に③を置《お》き、さらに耳《みみ》やハート形《がた》の鼻《はな》(目《め》の上《うえ》にあるんだって。面白《おもしろ》いよね）をつけよう。粘土《ねんど》を小《ちい》さな棒状《ぼうじょう》にのばしてから半分《はんぶん》に折《お》ると、ハート形《がた》も簡単《かんたん》にできるよ。目《め》の間《あいだ》には口《くち》としてポチッと穴《あな》を開《あ》けてね。遮光器土偶《しゃこうきどぐう》のメガネ形《がた》の下《した》に丸《まる》く飾《かざ》られているのは、アゴを表《あらわ》しているんだって。

5

髪《かみ》の部分《ぶぶん》は、③と同《おな》じように玉《たま》を楕円形《だえんけい》に伸《の》ばして、好《す》きな形《かたち》にくり抜《ぬ》いて。

6

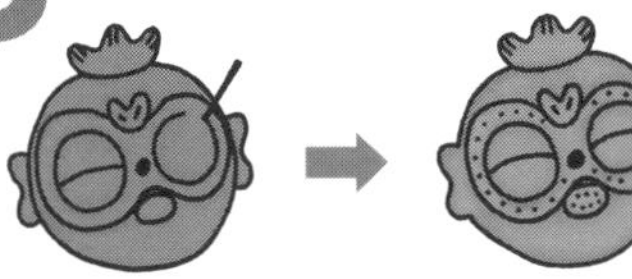

つまようじで、目《め》の周《まわ》りや髪《かみ》の先《さき》などに模様《もよう》をつけよう。

7

粘土板《ねんどばん》に置《お》いたまま、乾燥《かんそう》させるよ。水分《すいぶん》が抜《ぬ》けて白《しろ》っぽくなるまで1日《にち》～1週間《しゅうかん》ほど待《ま》とうね。水分《すいぶん》が抜《ぬ》ける前《まえ》に焼《や》くとヒビや割《わ》れの原因《げんいん》になるんだ。

8

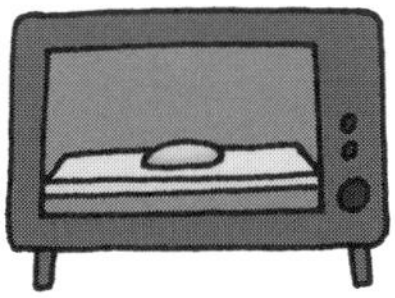

十分《じゅうぶん》に乾燥《かんそう》したら、アルミホイルを敷《し》いたオーブン皿《ざら》にのせて焼成《しょうせい》する。オーブンの温度《おんど》や焼《や》く時間《じかん》は、購入《こうにゅう》した粘土《ねんど》の説明《せつめい》に従《したが》ってね！

9

いろんな土偶《どぐう》の顔《かお》に挑戦《ちょうせん》してみてね！

おわりに　そして縄文研究は続く!!

あっきー、おやつの時間《じかん》にしようか。あっきーが作《つく》ってくれたドッキー（土偶形《どぐうがた》のクッキーP80－81参照《さんしょう》）とドクダミ茶《ちゃ》よ。

ドクダミ茶《ちゃ》って、こんちゃんが子《こ》どものときに飲《の》んでたやつでしょ？

そう。佐々木《ささき》先生《せんせい》と話《はな》をして、縄文人《じょうもんじん》たちも飲《の》んでたかもしれないと思《おも》ったら、急《きゅう》に飲《の》みたくなったの。このお茶《ちゃ》を飲《の》むと、人《ひと》ってずっと変《か》わらないんだな～と思《おも》うんだもん。

米田《よねだ》先生《せんせい》に教《おし》えてもらった縄文人《じょうもんじん》の食《た》べ物《もの》もそうだったよね。鮭《さけ》なんて僕《ぼく》の今朝《けさ》のご飯《はん》に出《で》てきたよ。

鮭《さけ》にかぎらず、貝《かい》だって食《た》べてるよね。縄文時代《じょうもんじだい》も食《た》べてたわけだから、縄文人《じょうもんじん》と日本人《にっぽんじん》の食事《しょくじ》は本当《ほんとう》に変《か》わってない。というよりも、縄文人《じょうもんじん》のほうが、多《おお》くの食材《しょくざい》を食《た》べてたんだよね。そうしないと生《い》きていけないわけだから。

彼《かれ》らが食《く》いしん坊《ぼう》だったおかげで、自然環境《しぜんかんきょう》が変《か》わって食《た》べ物《もの》が変《か》わっても縄文人《じょうもんじん》は生《い》き抜《ぬ》いた。

そして僕《ぼく》たちの中《なか》にＤＮＡ《ディーエヌエー》が残《のこ》ったんだね。

篠田先生《しのだせんせい》から教《おし》えてもらったことね。ミトコンドリアＤＮＡ《ディーエヌエー》で、ずっとさかのぼって行《い》くと、人類《じんるい》すべての祖先《そせん》は20万年前《まんねんまえ》のアフリカまで行《い》き着《つ》いちゃうことも。

ホモ・サピエンスと旧人《きゅうじん》のネアンデルタール人《じん》が、恋《こい》をして子《こ》どもを作《つく》っていた話《はなし》もロマンチックでよかったな。

あっきーったら、大人《おとな》みたいなこと言《い》って（笑）。でもその通《とお》りだよね。結婚《けっこん》して子《こ》どもをつくる、仲間《なかま》を増《ふ》やして集団《しゅうだん》を大《おお》きくしていくっていうのは、生《い》き残《のこ》るための作戦《さくせん》だったかもしれないけど、種《しゅ》を超《こ》えて仲良《なかよ》くしたっていうのは、私《わたし》たちも見習《みなら》わないといけないなって思《おも》った。

最近《さいきん》、となりの席《せき》の子《こ》とついケンカしちゃうんだけど、仲良《なかよ》くしないとな……。

そういう身近《みぢか》なところから大切《たいせつ》にしていきたいよね。それにしても、あっきーぐらいの年《とし》ごろの縄文人《じょうもんじん》はどんな暮《く》らしをしてたんだろうね。

狩《か》りについていったり、近《ちか》くの川《かわ》まで水《みず》を汲《く》みに行《い》ったり、石器作《せっきづく》りの練習《れんしゅう》したり、縄文犬《じょうもんけん》と

遊《あそ》んだりしてたんじゃない？

大人《おとな》たちの仕事《しごと》を手伝《てつだ》って立派《りっぱ》な働《はたら》き手《て》だったかもね。佐々木先生《ささきせんせい》によると、現代《げんだい》にも10歳《さい》ぐらいの女《おんな》の子《こ》が器用《きよう》にかごを編《あ》む国《くに》があるんですって。縄文時代《じょうもんじだい》だって、あっきーぐらいの子《こ》もかごを編《あ》んでたかもよ。

自分《じぶん》でも編《あ》めるってことか。そのためには、良質《りょうしつ》な材料《ざいりょう》が必要《ひつよう》だって。

縄文人《じょうもんじん》は、植物《しょくぶつ》に関《かん》する知識《ちしき》と経験《けいけん》が、私《わたし》たちの何倍《なんばい》もあった。そうやって森《もり》を知《し》り尽《つ》くして、自然《しぜん》の中《なか》で暮《く》らしていく生活《せいかつ》に私《わたし》は憧《あこが》れちゃうな。

上野先生《うえのせんせい》の土器《どき》は時代《じだい》を測《はか》る物差《ものさ》しだっていう話《はなし》も面白《おもしろ》かった。

土偶《どぐう》を見《み》ていくと、地域《ちいき》の交流《こうりゅう》が見《み》えてくるって話《はなし》も。いろんな地域《ちいき》ごとに、助《たす》け合《あ》っていたのかもしれないよね。それが土偶《どぐう》を通《とお》して見《み》えてきたら、博物館《はくぶつかん》に並《なら》んでる土偶《どぐう》の見方《みかた》が変《か》わりそう。

土偶《どぐう》は皆《みんな》の祈《いの》りの気持《きも》ちを一身《いっしん》に背負《せお》っていたと僕《ぼく》も思《おも》うよ。

何《なに》かに祈《いの》る気持《きも》ちっていうのは、縄文時代《じょうもんじだい》よりも前《まえ》、篠田先生《しのだせんせい》が研究《けんきゅう》をしている人類《じんるい》がアフリカを出《で》たときにすでにあったのかもしれないね。さすがにそれは、ミトコンドリアDNA《ディーエヌエー》の研究《けんきゅう》ではわからないだろうけど。

どんなことが解明《かいめい》されていくのか僕《ぼく》は興味津々《きょうみしんしん》だよ。
僕《ぼく》は、今後研究《こんごけんきゅう》が進《すす》んで、縄文人《じょうもんじん》たちが話《はな》していた言葉《ことば》がわかるといいな。

言葉《ことば》の解明《かいめい》は難《むずか》しいんじゃないかしら。でも、可能性《かのうせい》はゼロではないはず。

だといいなあ。僕《ぼく》、縄文時代《じょうもんじだい》のこと、もっと知《し》りたいから。

そうだね。遠《とお》い昔《むかし》のことだと思《おも》っていたけれど、実《じつ》は私《わたし》たちにつながった時代《じだい》だということが、今回《こんかい》よくわかったよね。じゃあさ、あっきー、次《つぎ》の休《やす》みに山《やま》にドクダミ摘《つ》みに行《い》こうか！

僕《ぼく》も縄文人《じょうもんじん》みたいに自然《しぜん》に詳《くわ》しくなれるかな！

がんばってみる？（笑）

おしまい

取材させていただいた先生

篠田謙一（しのだ・けんいち）

国立科学博物館副館長（兼）人類研究部長。1955年生まれ。京都大学理学部卒。博士（医学）。専門は自然人類学。古代試料に残るDNAを分析して，日本人の起源と成立について研究しているほか、南米アンデス地域の古代集団の変遷についても解析を進めている。著書に『日本人になった祖先たち』（NHK出版）、『DNAで語る日本人起源論』（岩波書店）など。

米田穣（よねだ・みのる）

東京大学総合研究博物館・放射性炭素年代測定室教授。1969年生まれ。1992年東京大学理学部生物学科卒業、1995年東京大学理学系研究科人類学専攻博士課程中退。博士（理学）。国立環境研究所研究員・主任研究員、オックスフォード大学研究員、東京大学大学院新領域創成科学研究科先端生命科学専攻准教授を経て、2012年より現職。編著書に季刊考古学『ヒトの骨考古学 』（雄山閣）など。

佐々木由香（ささき・ゆか）

株式会社パレオ・ラボ　統括部長／明治大学黒耀石研究センター センター員。1974年生まれ。2012年東京大学新領域創成科学研究科博士号取得（環境学）。2003年から現職。専門は植物考古学。特に縄文時代の植物資源利用について研究。共著書に『縄文人の植物利用—新しい研究法からみえてきたこと』、『ここまでわかった！縄文人の植物利用』（新泉社）など。

上野修一（うえの・しゅういち）

栃木県考古学会副会長。1956年生まれ。1979年立命館大学文学部史学科日本史学専攻卒。栃木県高等学校教諭として従事後、県立博物館や県埋蔵文化財センターなどに勤務。専門は日本考古学。なかでも縄文時代の土偶に関心がある。共著書に、『海を渡った縄文人』（小学館）など。

P2-3の答《こた》え

① 漆《うるし》を発見《はっけん》して使《つか》い方《かた》を考《かんが》えた。
② 矢《や》じりと木《き》を漆《うるし》を使《つか》って接着《せっちゃく》し、紐《ひも》などを巻《ま》いて固定《こてい》した。
③ 水《みず》に晒《さら》してアクを抜《ぬ》いた。
④ アスファルトでくっつけた。
⑤ イノシシを落《お》とし穴《あな》に追《お》い込《こ》んだ。

写真提供・取材協力一覧（順不同）

茅野市尖石縄文考古館
函館市教育委員会
函館市縄文文化交流センター
八戸市埋蔵文化財センター是川縄文館
山形県立博物館
東京国立博物館
岩手県立博物館
文化庁
森町教育委員会
森町遺跡発掘調査事務所
奈良国立博物館
御所野縄文博物館
一戸町教育委員会
岐阜県文化財保護センター
山梨県立考古博物館
大館郷土博物館
大阪歴史博物館
湯沢市教育委員会
湯沢市郷土学習資料展示施設ジオスタ☆ゆざわ
黒耀石研究センター
北杜市教育委員会
北杜市考古資料館
滋賀県教育委員会
滋賀県埋蔵文化財センター
東京都立埋蔵文化財調査センター
東京都教育委員会
埼玉県教育委員会
埼玉県立さきたま史跡の博物館
市立函館博物館
東北大学大学院文学研究科考古学研究室
栃木市教育委員会
栃木県立博物館
青森県立郷土館
弘前市立博物館
青森県立郷土館
特別史跡 三内丸山遺跡縄文 時遊館
新潟県立博物館
徳島県立博物館
島根県立古代出雲歴史博物館

参考文献

『土偶・コスモス』 MIHO MUSEUM編　羽鳥書店
『THE POWORE OF DOGU 』 British Museum Pubns Ltd
『芸術新潮　2012 11月号　縄文の歩き方』 新潮社
『日本の考古学　ドイツで開催された「曙光の時代」展』 奈良文化財研究所監修　小学館
『日本の考古ガイドブック』 東京国立博物館
『縄文の奇跡！「東名遺跡」』 佐賀市教育委員会編　雄山閣
『列島創世記』 松木武彦　小学館
『松島湾の縄文カレンダー』 会田容弘　新泉社
『縄文美術館』 小野正文　平凡社
『ホモ・サピエンスの誕生と拡散』 篠田謙一　洋泉社
『展示品解説　考古資料』 国際基督教大学博物館・湯浅八郎記念館
『縄文文明の環境』安田喜憲　吉川弘文館
『人類大移動』 印東道子編　朝日新聞出版
『詳説　日本史図録』 詳説日本史図録編集委員会　山川出版社
『日本列島人の歴史』 斎藤成也　岩波ジュニア新書
『ときめく縄文図鑑』 譽田亜紀子　山と溪谷社
『さらにわかった！縄文人の植物利用』 工藤雄一郎・国立歴史民俗博物館編　新泉社
『土偶界へようこそ』 譽田亜紀子　山川出版社
『火山灰は語る―火山と平野の自然史』 町田洋　蒼樹書房
『新編火山灰アトラス―日本列島とその周辺』 町田洋・新井房夫　東京大学出版会
『日本列島のおいたち 古地理図鑑』 湊正雄監修　築地書館
『日本歴史地図 原始・古代編 上』 柏書房

[著者]

こんだあきこ

京都女子大学卒業。フリーライターとして取材先で出会った奈良県出土の観音寺本馬土偶に衝撃を受け、以降、土偶を求めて全国を奔走し、現在「土偶女子」としてマルチに活動中。テレビ、ウェブ、雑誌など活動の場は多岐に渡る。著書に『はじめての土偶』『にっぽん全国土偶手帖』(世界文化社)、『ときめく縄文図鑑』(山と溪谷社)、『土偶のリアル』『土偶界へようこそ』(山川出版社)、『知られざる縄文ライフ』(誠文堂新光社)など。

スソアキコ

帽子作家・イラストレーター。

子どもの頃からの考古学好き。美術同人誌『四月と十月』の古墳部活動がきっかけで、各地の遺跡を訪ね歩くことがライフワークとなった。2008年よりウェブサイト「ほぼ日刊イトイ新聞」にて「スソアキコのひとり 古墳部」を連載中。全国の大学や博物館・資料館からイラストの依頼が増えている。著書に『スソアキコのひとり古墳部』(イースト・プレス)、挿画『土偶のリアル』(山川出版社)、『知られざる縄文ライフ』(誠文堂新光社)など。

[監修者]

武藤康弘(むとう・やすひろ)

奈良女子大学文学部教授。1985年國學院大學大学院修士課程修了。1987年東京大学助手。1997年博士(文学)東京大学。専門は文化人類学、民俗学、民族考古学。 2004年3月から2006年3月まで、NHK奈良で、奈良県内の祭礼行事を紹介する番組「やまと歳時記」を93回放送。著書に『映像で見る　奈良まつり歳時記』(ナカニシヤ出版)『縄文時代の食と住まい』(同成社)など。

著者　こんだあきこ　スソアキコ

ブックデザイン　TAKAIYAMA inc.
イラスト　スソアキコ
イラスト着彩　稲井 史

企画・構成　杉村道子
校正　別府由紀子

制作　粕谷裕次　直居裕子　斉藤陽子
販売　筆谷利佳子
宣伝　阿部慶輔
編集　半澤敦子

おもしろ謎解き『縄文』のヒミツ
2018年7月22日　初版第1刷発行
2021年7月 7 日　第3刷発行

発行人　村上孝雄
発行所　株式会社　小学館
〒101-8001　東京都千代田区一ツ橋2-3-1
編集　03-3230-4713
販売　03-5281-3555
印刷所　凸版印刷株式会社
製本所　株式会社若林製本工場

©　Akiko Konda,　Akiko Suso
Printed in Japan

ISBN978-4-09-227197-5

造本には十分注意しておりますが、印刷、製本など製造上の不備がございましたら「制作局コールセンター」(フリーダイヤル　0120-336-340)にご連絡ください。(電話受付は、土・日・祝休日を除く　9:30 ～ 17:30)
本書の無断での複写(コピー)、上演、放送等の二次使用、翻案等は、著作権法上の例外を除き禁じられています。
本書の電子データ化などの無断複製は著作権法上の例外を除いて禁じられています。
代行業者等の第三者による本書の電子的複製も認められておりません。